Michael Stone

Ansichten
Einsichten

Mackensen

CIP-Titelaufnahme der Deutschen Bibliothek

Stone, Michael:
Ansichten – Einsichten / Michael Stone. – Berlin : Mackensen, 1988
  ISBN 3-926535-01-6

© 1988 Verlag der Buchhandlung Mackensen, Berlin
Satz: Satzinform, Berlin
Druck: Movimento, Berlin
Printed in Germany

Meiner Frau und Arbeitsgefährtin

Kuckuckseier

Am 3. April 1974 erschien unter der Überschrift *Ein neuer Anfang* auf der Feuilletonseite des Berliner *Tagesspiegel* meine erste Fernsehglosse. Heinz Ohff, der damalige Chef des Feuilletons, hatte mich dem Verleger Franz Karl Maier als Nachfolger von der bis dahin als Fernsehkritikerin tätigen Sibylle Wirsing vorgeschlagen, und der war einverstanden. Das war mutig von beiden und sollte uns dreien noch manchen Ärger bereiten.

Denn sowohl Ohff wie auch Maier wußten von meiner vom Marxismus geprägten Gesinnung: ich hatte nie ein Hehl daraus gemacht. Sie glaubten, dies in Maßen hinnehmen und mich notfalls in Schranken halten zu können; ich wiederum hoffte, meine vom Standpunkt des Tagesspiegel abweichenden Ansichten so unverblümt wie nur möglich und, wenn erforderlich, auch mit List zum Ausdruck bringen zu können. Auf der Grundlage der konstanten gegenseitigen Wachsamkeit entwickelte sich über die Jahre unser im allgemeinen sehr gutes, fast freundschaftliches Verhältnis, das nur gelegentlich von manchmal recht heftigen Turbulenzen erschüttert wurde. Das Kuckucksei, das ich angeblich wieder einmal dem Tagesspiegel ins Nest gelegt hatte, wurde zum redaktionellen Schlagwort.

Ich wußte anfangs nicht, worauf ich mich eingelassen hatte. Die Fernsehkritik ist eine völlig andere Disziplin als, sagen wir, die Theater- oder die Literaturkritik, die ich beide bis dahin vornehmlich praktiziert hatte, und unterliegt ganz anderen Kriterien. Bei einer Theateraufführung handelt es sich jedesmal um ein einzelnes, wenn auch kollektiv geschaffenes Produkt, mit dem sich der Kritiker zu befassen hat: Ist das Stück relevant, die Inszenierung gelungen? Paßt das Bühnenbild, sind die Darsteller in ihren Rollen überzeugend? Ist der Regisseur den Intentionen des Autors gerecht geworden? Stimmt die Atmosphäre? Und so weiter. Das Fernsehen liefert jeden Nachmittag und Abend, in Berlin auch noch am Vormittag, ein aus mehreren Teilen bestehendes Programm oder, besser gesagt, mehrere solche Programme gleichzeitig. Ich habe es immer als Teil meiner Aufgabe betrachtet, herauszufinden, was sehenswert, was belanglos ist. Welche Meinungen werden vertreten? Von wem und in wessen Interesse? Welche Probleme werden diskutiert oder ausgeklammert? Lassen sich Zusammenhänge herstellen? Inwieweit nimmt die Politik Einfluß auf die Programme? auf die Sendungen für Kinder, für Jugendliche? auf Unterhaltungssendungen?

Der ideale Fernsehkritiker müßte ein Allround-Talent sein, so versiert in der Politik wie in der Wirtschaft. Er müßte etwas von Psychologie verstehen, von Geschichte, von kulturellen Strömungen. Er sollte Humor haben, sensibel sein gegenüber den Nöten anderer, sich in Fragen der Ästhetik auskennen und seine subjektive Meinung nicht als objektiven Befund ausgeben. Kurz, da im Fernsehen früher oder später jedwedes Thema einmal zur Sprache kommt, sollte er eine breite Skala von Interessen haben und einen dem Leser erkennbaren Standpunkt, von dem aus er die verschiedenen Sendungen beurteilt.

Ein zweiter wesentlicher Unterschied zwischen jeder anderen Form der Kritik, ausgenommen der über einzelne, nicht wiederholbare Konzerte ist die Einmaligkeit der täglichen Programme. Kein Tag ist wie der andere. Zwar werden Filme und Fernsehspiele, auch ganze Serien, fast immer mehrere Male gesendet, aber meistens in einem gewissen zeitlichen Abstand von der Erstsendung, so daß sich kaum jemand an die ursprüngliche Kritik erinnert, und nicht um einem Zuschauerwunsch zu entsprechen, sondern aus Gründen der Ökonomie. Entwertet das die Fensehkritik? Ganz und gar nicht. Im Gegenteil, gerade weil das Fernsehen immer nur einmal ein so vielfältiges Programm anbietet, das aber jedesmal etliche Millionen Menschen erreichen kann, ist eine öffentliche Auseinandersetzung mit dem Medium von größter Wichtigkeit. Der Theaterkritiker ist zuerst ein Vermittler zwischen Bühne und Zuschauer. Er erklärt seinen Lesern, worum es in dem betreffenden Stück geht, woran es hapert, ob es sich lohnt, es sich anzusehen oder nicht. Erst an zweiter Stelle soll sein Lob oder Tadel auch den Theatermachern nützlich sein. Der Fernsehkritiker ist vor allem ein Mittler zwischen dem Publikum und den Fernsehanstalten; er tritt gewissermaßen als Sprecher der Zuschauer auf, zumindest jener, die mit seinem Urteil übereinstimmen oder ihre eigene Meinung im Lichte seiner Besprechung revidieren. Wenn es sich um eine Sendung von allgemeinem Interesse handelt, braucht er nicht zu schildern, was er gesehen hat, denn das haben dann die meisten seiner Leser auch gesehen. Er muß überzeugend darlegen können, warum er dies gut und jenes schlecht findet, was er an der Programmgestaltung insgesamt auszusetzen hat und welches seine Vorlieben sind.

Niemand wird bestreiten wollen, daß das Fernsehen viel umfassender als die Presse oder igendeine andere öffentliche Institution widerspiegelt, was sich in diesem Lande und in einem weiteren Sinne in der ganzen Welt abspielt. Gleichzeitig ist es aber auch Teil des Geschehens auf allen Ebenen, indem es Stimmungen erzeugt, Diskussionen auslöst, ein bestimmtes Klima schafft. Politische Bewegungen, Skandale, Krisen und Krisengebiete, welche Musik ist gerade populär, welche Schlagworte sind in Mode, welche Persönlichkeiten haben das Ohr der Öffentlichkeit, alles wird in Wort und Bild registriert. Es mag ein Zerrspiegel sein, weil es den einzelnen Sendeanstalten überlassen bleibt, wo sie die Schwerpunkte setzen, welche Mitarbeiter sie heranziehen, um sich für dieses oder jenes Projekt einzusetzen oder dieses oder jenes Problem kritisch zu beleuchten. Die Fernsehkritik mag in der Lage sein, bestimmte Korrekturen anzubringen, aber sie wird nolens volens zum Spiegel dieses Spiegels und wird daher ebenfalls die Entwicklung auf den verschiedensten Gebieten registrieren. Das ist einer der Gründe für diesen Band mit einer Auswahl meiner Glossen vom April 1974 bis März 1977, dem weitere folgen können, wenn das Experiment gelingt. An den Texten wurde nichts geändert. Einige Glossen, in denen ich mich über mehrere Sendungen ohne inneren Zusammenhang geäußert habe, wurden gekürzt. Sätze und Passagen, die dem Rotstift der Redaktion der Zeitung zum Opfer fielen, erscheinen in Schrägschrift.

Dem Tagesspiegel gilt mein Dank für die Gelegenheit, mich als Fernsehkritiker beweisen zu dürfen, für die Liberalität, mit der man mich trotz mancher Kuckuckseier hat walten lassen, und für die Genehmigung, eine solche Auswahl meiner Glossen zu veröffentlichen. Eine Glosse, die vom 7. November 1975, erschien in dem Wochenblatt „Deutsche Zeitung / Christ und Welt", das inzwischen in dem Wochenblatt „Rheinischer Merkur" aufgegangen ist, dem ich ebenfalls für die Genehmigung des Abdrucks danke. Und schließlich, da ich mein eigener bester Leser bin und Frau und Freunde gerne und immer wieder mit meinen alten Glossen traktiere, haben auch sie meinen Dank verdient für die Bereitschaft, meine Freude über eine gelungene Formulierung oder eine glückliche Entdeckung mit mir zu teilen.

August 1988

Ein neuer Anfang

Kaum ist man vom privaten zum öffentlich sich äußernden Fernseh-Zu- und-Rückschauer avanciert, plagt einen das Gewissen. Darf man sich dieses, sollte man sich nicht jenes Programm ansehen. Allerdings braucht Pflichterfüllung nicht so weit zu gehen, daß man den ganzen „Cocktail Don Jaime" trinkt, den das ZDF gemixt hat. Auch ein hochadliger Schnupfen wirkt auf die Dauer ansteckend.

Was Rainer Werner Fassbinder recht ist, scheint Hans Noerer billig zu sein. In dem deutsch-französischen Spielfilm „Zahltag" versteht er es fast ebenso gut wie das Bayerische Wunderkind, den Floh von einer Idee optisch so aufzublasen, daß man meinen könnte, einen Dinosaurier vor sich zu haben.

Eine weitere Folge dieses kritischen Amtes ist der Verlust von Unschuld. Es gibt Sendungen, bestehend aus purem Schwachsinn, denen man sich hingibt wie einem Schaumbad. Kann man dieser Lust nur noch heimlich fröhnen, oder muß man sich zu ihr bekennen. Der Punkt ist, daß das Vergnügen in dem Moment aufhört, wo man gezwungen ist, den Verstand einzuschalten. Wir werden sehen!

Glück muß man haben. Zur gleichen Zeit, wie der Bericht über die NATO im ersten und das Gesundheitsmagazin „Praxis" im zweiten, lief im dritten Programm ein wunderbar klarer und zarter Film aus England, „Ein neuer Anfang", nach einer Erzählung von H. E. Bates. Sahen Sie es? Wie Morag Hood und Meg Will Owen über das Stückchen Land liefen, auf dem sie ihre Kräuterfarm aufbauen wollten? Wie einfach, dabei voller Licht und Humor das alles war? Wie delikat und ohne Scham die wachsende Neigung der jungen Frauen zueinander gezeigt wurde? Wie man schließlich das Eindringen des Mannes in diese Idylle bedauerte? Wie feinfühlig die Kamera aus den Gräsern, den verstaubten Wänden der Kate und den leuchtenden Gesichtern der Mädchen ein lyrisches Ganzes machte? Mit einem Striptease von Ortrud Beginnen, „Tips für Hausfrauen", endete für mich ein pläsierlicher Abend.

3. April 1974

Jahrmärkte des Lebens

Kritiker haben in der Regel weder Magengeschwüre noch Gallenleiden, weil sie dem Ärger, den andere hinunterschlucken müssen, freie Bahn lassen können. Die folgenden Bemerkungen sind auch prophylaktisch zu verstehen: Eine gewisse einsame Größe kann man dem ZDF-Chefpolemiker, Gerhard Löwenthal, nicht absprechen. Auf dem rechten Auge blind, das linke permanent geschädigt, so daß er alles wie durch einen roten Schleier sieht, watschelt er sich tapfer durchs Leben. Erst ging es diesmal der Lübecker SPD an den Kragen, dann natürlich den Jusos, dann Bundeskanzler Brandt, dann der Gewerkschaft für Erziehung und Wissenschaft und schließlich dem englischen Außenminister. Alle scheinen in eine Verschwörung verwickelt zu sein, ganz Europa den Russen auszuliefern. Nicht auszudenken, welche Höllenqualen er erleiden müßte, würde er in einem anderen Mitgliedsstaat der europäischen Gemeinschaft seine Kassandrarufe erheben, in Frankreich oder Italien, zum Beispiel, von Holland und Dänemark ganz zu schweigen.

Wie nahe wir schon dem Abgrund sind, wie weit die Unterwanderung schon gediehen ist, vor der uns Löwenthal jahrein, jahraus warnt, belehrte uns ein Blick ins Erste Programm. „Wann erhält Landschaftsschutz Vorrang vor Geldgier?" wurde da gefragt. „Die Weiße Industrie" war ohne Zweifel ein ganz unverblümter Angriff auf die Prinzipien der freien Marktwirtschaft im Tourismus. „Jahrmärkte des Lebens" wollte ein Schweizer Professor in den Erholungsgebieten errichtet haben statt der Betonsilos, die überall bereits ins Kraut schießen. Das riecht aber schon bedenklich nach Planung, staatlicher Kontrolle und Schlimmerem.

Gutes Timing bei der ARD. In „Das Fernsehgericht tagt" wurde ein Immobilienbetrug ausgehandelt. Der Inhaber einer kleinen Expeditionsfirma will sich am großen Geschäft mit Ferienbungalows an Spaniens Südküste beteiligen. Er zahlt 50 Pfenning pro Quadratmeter für ein Stück karstigen Landes und erklärt dem Gericht freimütig, daß er nicht nur den Kaufvertrag für die geplanten Bungalows, sondern auch die branchenüblichen Praktiken kopiert habe. Also betreibt er seine Werbung mit marktschreierischen Inseraten und fingierten Prospekten, organisiert Besichtigungsflüge und stellt den Interessenten ein billiges

Paradies in Aussicht. Soweit verläuft alles ganz normal. Da macht ihm ein Erdrutsch einen Strich durch die Rechnung. Unser Mann, der nur ein kleiner Fisch ist, auch wenn er einen Hecht markiert, gaukelt nun seinen Klienten Fortschritte im Bauvorhaben vor, um die dann fälligen Raten eintreiben zu können. Er wird ertappt, das Geschäft platzt, ein Jahr und neun Monate Knast sind ihm sicher. Etliche „seriöse" Makler, die auf die nämliche Weise ihr Schäfchen längst ins Trockene gebracht haben, werden bei dieser Sendung herzlich gelacht haben.

5. April 1974

Die sieben Schwestern

Schnecken mögen kein Salz, keinen Essig, keine Minz; und sie können über eine aufgerichtete Rasierklinge gleiten, ohne sich zu verletzen. Unser Schneckenpoet, Günter Grass, hätte an der Kindersendung „Experiment" seine Freude gehabt, die Kinder, für die sich Dr. Ernst Bauer am Nachmittag verschiedene Untersuchungen ausgedacht hatte, hoffentlich auch. Er zeigte nicht nur, was Wissenschaft vermag, sondern auch – wenn auch unfreiwillig –, wie absurd Gelehrsamkeit manchmal sein kann, wo der normale Menschenverstand alle Apparaturen und Versuchsketten ersetzt. Ein Oszilloskop registrierte die Herzschläge einer Schnecke im Winterschlaf, dann schlug das Herz schneller unter Einfluß von Wärme und Feuchtigkeit. „Und jetzt wollen wir sehen, was geschieht, wenn wir die Schnecke in heißes Wasser tauchen", sagte Dr. Bauer mit Spannung in der Stimme und ließ die Tat folgen. „Das Herz setzt aus!" Donnerwetter!

Nicht daß die sieben großen internationalen Ölgesellschaften, die sieben Schwestern, die Welt praktisch regieren ist das Schlimme, sondern daß der NDR in der besten Sendezeit eine dreiviertel Stunde lang Millionen von Zuschauern die Mechanismen dieser Herrschaft genau aufzeigen kann, ihnen vor Augen führt, daß angesichts der Macht der großen Ölkonzerne ihre demokratischen Freiheiten einen Pappenstiel wert sind, solange selbst die von ihnen gewählten Regierungen nach der Ölpfeife tanzen müssen – und nichts sich ändert. Das ist das Schlimme.

Die magische Sieben tauchte gleich noch einmal auf, in „Kompaß". Sieben Gruppen beherrschen den Drogenmarkt in Hongkong und darüber hinaus im Fernen und Mittleren Osten und schließlich auch im Westen, mit Verbindung zur Polizei und zur Regierung. Zwischen drei und fünf Prozent der Bevölkerung in Hongkong ist heroinsüchtig. Vielleicht sollte man hier von den sieben Brüdern sprechen, es könnte ja sein, daß es sich um eine Familie handelt.

12. April 1974

Krisen-Abend

Man versucht, uns krisenfest zu machen. Anders kann ich mir die Häufung und ständige Wiederholung von Hiobsbotschaften nicht erklären. Wir ersticken in Müll; das Wasser wird knapp; die Luft ist verpestet; die Sahara dehnt sich immer weiter aus. Dazu kommen noch: die Bevölkerungsexplosion, Energiekrisen, eine gestörte Ökologie, die Preisspirale, Lungenkrebs, Erosion. Und schließlich und endlich wird die Sonne in etwa 500 Millionen Jahren verglühen oder explodieren oder in sich zusammenfallen wie ein durchlöcherter Luftballon. In einem Wort: rosige Aussichten.

Den Anfang machte diesmal, in „Titel, Thesen, Temperamente", Professor Popper, Sir Karl Raimund Popper, um ihm seinen vollen Namen zu geben, ein Mann, der in der Bundesrepublik noch nicht die ihm gebührende Achtung gefunden hat. Popper ist ein Philosoph und Begründer einer neuen Methodologie, was eigentlich auf dasselbe hinausläuft. Er hält nichts von Diskussionen über Begriffe und Definitionen, setzt sich aber gleichzeitig dafür ein, daß man sich einfach und klar ausdrücken müsse. Er ist ein Verfechter der „offenen" oder auch „freien" Gesellschaft und meint, daß nichts der größtmöglichen Freiheit des Individuums so sehr im Wege steht wie die Allmacht der Parlamente. Ergo plädiert er für eine Beschränkung und Kontrolle dieser Macht.

Sir Karl ist, wenn man das einmal so pauschal sagen darf, ein neuer Hegelianer. Er setzt die Theorie vor die Erfahrung, die Vernunft vor die Materie. Das ist es, was ihn, besonders in der anglikanischen Welt, so attraktiv macht. Ein Schuß Popper – und der ganze Spuk einer dialektisch-materialistischen Betrachtung der Welt ist vom Tisch. Was nun die Allmacht der Parlamente betrifft, ist es nicht gerade ihre Ohnmacht, die uns zu schaffen macht? Zum Beispiel auf dem Gebiet der Bodenspekulation oder der Währungsreform?

In der „Fernsehdiskussion" erklärte der Präsident des bundesdeutschen Bauernverbandes, Constantin Frhr. von Heereman, den ich gerne einmal beim Ausmisten eines Kuhstalls sehen möchte, warum es den deutschen Bauern so mies geht. Die Frage war: „Wer macht die Agrarpreise?" Sie blieb unbeantwortet. Einigkeit bestand lediglich in der Feststellung, daß die Verbraucher immer tiefer in die Tasche greifen müssen.

Im ZDF ging es kaum fröhlicher zu. „Wer rettet Post und Bahn?" wollte Volker von Hagen in „Kontrovers" wissen. Ja, wer wohl? Du und ich. Na denn, gute Nacht.

20. April 1974

Dunkelangst

Schon während der Internationalen Funk- und Fernsehausstellung im Herbst zeichnete sich das ZDF durch das Bemühen aus, mit dem Zuschauer ins Gespräch zu kommen, ihm die Arbeiten und Funktionen der verschiedenen Redaktionen zu verdeutlichen und ihn zur kritischen Mitarbeit zu bewegen. Diese Politik der freizügigen und durchaus kritischen Selbstdarstellung wird dankenswerterweise fortgesetzt.

Diesmal war die Nachrichtenredaktion an der Reihe. Michael Mrakitsch und Jutta Szostack brachten fast alle Einwände zur Sprache, die man beispielsweise gegenüber der Berichterstattung des ZDF haben kann: Vortäuschung von Wirklichkeitsnähe; das häufige Blabla einiger Kommentatoren; die Auswahl von Nachrichten und die Dramaturgie ihrer Vermittlung; das Herausstreichen von sensationellen Neuigkeiten; eine Schlagzeilenpolitik, die die Zusammenhänge eher verschleiert als aufdeckt; die Sprache als Träger von Anstrich und Absichten; die manchmal fragwürdigen Quellen von Informationen; der Einfluß der Mächtigen, wer immer sie sein mögen, auf das gesamte Nachrichtengefüge.

Das Ganze war mit Witz gemacht und wurde dem Anspruch gerecht, mehr Demokratie zu üben. Eines wurde jedoch nicht erwähnt, und gerade dies scheint mir die Crux jeder Diskussion um den Wahrheitsgehalt einer Nachrichtensendung zu sein: in wessen Interesse ist das ZDF, sind die anderen Fernseh- und Rundfunkanstalten tätig? Und – welches sind die Gründe für jenen außerordentlichen Konformismus, der zwar eine Vielfalt von Meinungen zuläßt, aber immer nur im Rahmen einer allgemein akzeptierten Wertordnung? Wer bestimmt diese Werte? Und noch einmal, in wessen Interesse?

Gleich danach folgte auf demselben Kanal eine Sendung, die ein wenig Auskunft über die Festlegung von menschlichen Normen gab. In „Querschnitt" behandelte Professor Hoimar von Ditfurth diesmal „Herkunft und Bedeutung angeborener Verhaltensweisen". Warum haben wir im Dunkeln Angst? Was macht Puppen und kleine Hunde so attraktiv? Warum wird ein Überholmanöver auf der Autobahn so oft zu einem gefährlichen Zweikampf?

Die Verhaltensforschung ist, meiner Meinung nach, eine Schein- oder Halbwissenschaft, die aus oft wichtigen Beobachtungen oft falsche Schlüsse zieht. Sie ist überall systemkonform, das heißt, sie stellt nicht die Struktur der Gesellschaft, ihre hierarchische Ordnung in Frage, sondern bestätigt sie ausdrücklich mit Hinweis zum Beispiel auf Rangordnungen in der Tierwelt oder menschliche Urinstinkte.

Nun gibt es zweifellos nationale Eigenschaften, die nicht von der Biologie, sondern von der Geschichte, von gesellschaftlichen Zwängen, geprägt werden. Gerade auf das Fahrverhalten in der Bundesrepublik trifft dies zu, das sich, wie viele wissen, von dem in England oder auch schon in Holland unterscheidet. Vereinfacht gesagt, der Vogel, den ein deutscher Autofahrer einer alten Dame zeigt, die ihm zu langsam über einen Zebrastreifen geht, hat seinen Ursprung eher im dreißigjährigen Krieg als im Dschungel.

24. April 1974

Tierblicke

Die Natur ist weder grausam noch freundlich, sondern nur auf eine instinktive, sich im Gegenspiel der Kräfte erhaltende Weise effizient. Sie kommt – und ist dabei dem Menschen gegenüber im Vorteil – ohne Sigmund Freud oder Max Weber aus. Eine Wertung findet nicht statt, oder nur, wenn der Mensch – instinktlos wie er nun einmal ist – sein Ethos auf die Natur überträgt.

So ist es nicht grausam, wenn wilde Hunde eine Antilopenkuh jagen und bei lebendigem Leibe zerreißen. Ganz anders liegt dieser Fall, wenn dieser Vorgang ausführlich und in allen Einzelheiten einem auf Unterhaltung erpichten Publikum in der Zeit der größten Fernsehbereitschaft unter dem Vorwand der Wissenschaftlichkeit vorgeführt wird. Man sollte in den Fernsehanstalten, hier war es der WDR, mit dem Anspruch der unterhaltsamen Belehrung wirklich verantwortlicher umgehen. In „Rätsel der Tierwelt" von Ivan Tors war nichts ekelhafter als die Frechheit, mit der eine Selbstverständlichkeit als atemberaubende Erkenntnis serviert wurde. „Ohne die Wahrnehmung von Warnsignalen durch die Sinnesorgane, die über das Nervensystem dem Großhirn mitgeteilt werden und dort bestimmte Reaktionen auslösen, könnten sich die Tiere bei einem Waldbrand nicht retten", hieß es in der Folge „Der Schmerz in der Natur". Ohne Beine oder Flügel vermutlich auch nicht.

„Du mußt schizophren sein", meinte eine Bekannte kürzlich zu mir, auf meine Neigung anspielend, mich mit einer Drehung des Knopfes auf einen Wellenritt zwischen den Kanälen zu begeben. Die Dame hat recht. „Fimpen, der Knirps" jagte mich in die Arme von „Ich, Liberace" im 3. Programm, einem Mann von so exzessiver und exzentrischer Geschmacklosigkeit, daß man dem Phänomen seiner großen internationalen Erfolge in den fünfziger Jahren mit bewundernder und verzweifelnder Ratlosigkeit gegenübersteht. Von einem seiner mit Diamanten besetzten Klaviere hüpfte ich zum ZDF, um mir über „Das Bild der Deutschen" ein Bild zu machen. Der Titel war irreführend, denn es handelte sich keineswegs um eine spezifische deutsche Vorstellung. Im Gegenteil, es scheint, daß man in Frankreich, Amerika, in der Schweiz und der Sowjetunion nicht mehr mit den Zähnen klappert, wenn von den Bundesbürgern die Rede ist. Lange möge dieser Zustand anhalten.

„Der Tierblick der Menschen" hieß es in einem Bericht über Haiti. Es war nicht böse oder abwertend gemeint, und wir wollen keine große Sache daraus machen, sondern nur fragen, ob dieser Lyrizismus dem Autor auch in Köln oder Frankfurt eingefallen wäre?

19. Juni 1974

Unternehmerangst

Statt des im Programm angekündigten Gesprächs „Über das Mögliche und Machbare in der Politik", zwischen Carl-Friedrich von Weizsäcker und Theo Sommer offerierte das 3. Programm eine nicht minder interessante Unterhaltung zwischen Theo Sommers Boß, dem Verleger Gerd Bucerius, und Freimut Duwe über das Thema „Die Angst des Unternehmers, nicht mehr gebraucht zu werden". Nein so wurde dieser mit stumpfen Klingen geführte Dialog natürlich nicht angekündigt, es ergab sich nur, daß Bucerius von eben dieser Angst, Duwe hingegen von der „Einengung der Liberalität" im Presse- und Verlagswesen sprachen. Als Beispiel führte Duwe die Berichterstattung der „Frankfurter Allgemeinen" über den Putsch in Chile an, bei der, wie er meinte, „die Breite des liberalen Schmerzes nicht sichtbar wurde". Der Mann hat Humor. Wo soll denn ein Schmerz sein, wenn einem nichts weh tut?

Ein Film über den finnischen Architekten Alvar Aalto im ZDF und anschließend ein Porträt des Bildhauers Fritz König in der ARD. Die Vermittlung von Biographien interessanter und wichtiger Persönlichkeiten ist eine der vornehmsten Aufgaben des Fernsehens. In meiner unmittelbaren Umgebung bieten sich da gleich vier an: unser Hauswart, ein Mann von 64 Jahren, dem die Angst im Nacken sitzt, was mit ihm geschehen wird, wenn er aus Altersgründen seinen Job und damit seine Wohnung quittieren muß; eine junge alleinstehende Frau, die nach dem Tod ihrer Eltern auf der Suche nach einer neuen Lebensaufgabe ist; ein Fernfahrer, der der Fahrerei müde und einer Hoffnung, die er sich einmal gemacht hat, beraubt ist; und eine dicke, bunt gekleidete Zigeunerin, in deren Augen mehr Erfahrung steckt, als sich der Spießbürger träumen läßt.

22. Juni 1974

Aus Blau wird Rot

Weil sie zur Kommunion ein blaues Kleid tragen mußte, während alle anderen in Weiß gingen, fing die jetzt 65jährige Kölnerin Gertrud Hamacher an, die bestehende Gesellschaftsordnung in Frage zu stellen. Die Überredungskünste ihres älteren Bruders taten ein Weiteres, und sie wurde Kommunistin. Heinrich Böll, der mit diesem „Porträt einer Kölnerin" in der ARD sein Debüt als Interviewer gab, erging es ähnlich. Statt der obligaten schwarzen mußte er immer braune Schuhe tragen. Resultat: er bekam den Nobelpreis für Literatur.

Da trafen sich also zwei, die sich frühzeitig als Außenseiter empfanden, und hatten sich wenig zu sagen. Vor lauter Takt und Mitgefühl wußte der berühmte Romancier nicht, was er die Arbeiterin mit dem klaren politischen Bewußtsein fragen sollte. Dabei hatte die Frau doch wirklich einiges erlebt und erfahren. Mit einem Stundenlohn von 10 Pfennigen wurde sie in einer Papierfabrik eingestellt. Sie wurde mehrere Male von den Nazis eingesperrt und mußte nach Holland fliehen, von wo aus sie antifaschistische Literatur nach Nazideutschland schmuggelte. Selbst noch nach dem Krieg wurde ihr Mann als Mitglied der inzwischen wieder illegalen KPD verhaftet und ihr eine Verfolgtenrente verweigert. Doch das alles blieb Papier. Die Farbe der Sendung war Grau.

Wie erhellend, wie lebendig gute Fernsehjournalistik sein kann, erlebte man anschließend im Dritten Programm, wo Christian Rischert liebevoll und dankbar über das Sonntagsessen auf einem Bauernhof in der Normandie berichtete. Eine Lebenshaltung tat sich auf; eine Kunst wurde offenbar; eine Lust wurde vermittelt.

29. Juni 1974

Duplizität

In seltener Übereinstimmung zwischen ARD und ZDF wurde auf beiden Kanälen fast zur gleichen Zeit ein junges Mädchen erwürgt, eine Italienerin hier, eine Deutsche da. Im ersten Fall wurde ein Mitschüler, ein junger Anarchist, der Tat verdächtigt, im zweiten der Musiklehrer. Natürlich waren sie es beide nicht gewesen. Aber während Erik Ode und seine Mannschaft das Verbrechen aufklären, sucht Gian Maria Volonte als Chefredakteur einer Mailänder Zeitung die Entdeckung des wirklichen Täters zu verhindern, weil ihm die öffentliche Diffamierung der linksorientierten Schülerschaft im Wahlkampf von 1972 gerade recht kommt.

Ein Polit-Thriller und ein Krimi, beide dazu angetan, junge Mädchen und ihre Eltern das Fürchten zu lehren. Ein verklemmter Pedell hier, ein frustrierter Apotheker da. Kaum fängt das Wochenende an, ist man vor niemandem mehr sicher.

30. Juni 1974

Traurig wie ein Hund

Das gibt's, daß ein Kunstwerk mit der Zeit wächst, wichtiger wird, eine neue Dimension gewinnt. Als Antonionis „La Notte" vor vierzehn Jahren zum erstenmal über die Leinwand rollte, waren im wesentlichen nur die Cineasten begeistert, und zwar hauptsächlich aus ganz falschen, formalen Gründen. Man pries die tatsächlich außerordentlich gescheite distanzierte Kameraführung von Gianni di Venanzo, entzückte sich an der langsam gestaffelten Psychologie, mit der Antonioni sein gescheitertes Ehepaar decouvrierte, war begeistert von dem filmischen Nadelstich ins Fleisch der Bourgeoisie.

Andere – ich gehörte dazu – waren reservierter. Was gingen uns die Probleme dieser Leute an? Ein angeblich begabter und gefeierter Schriftsteller in einer Krise; seine Frau, die es sich leisten konnte, eine Taxifahrt in ihre Vergangenheit zu unternehmen; ein Freund dieses Ehepaars, der noch auf seinem Sterbebett Champagner trank; ein schwerreicher Unternehmer, dem das Geld nur als angenehmes Nebenprodukt seiner „schöpferischen" Tätigkeit erscheint, und dessen Tochter, die sich in luxuriöser Umgebung langweilte. Außerdem roch die Besetzung zu sehr nach kommerzieller Spekulation. Warum mußte der Deutsche Bernhard Wicki, dem damals mehr noch als heute der Glanz eines Stars anhaftete, den todkranken Tommaso spielen und warum die Französin Jeanne Moreau die Frau des ausgebrannten Schriftstellers (Marcello Mastroianni)? Diese Einwände gelten noch, aber sie sind belanglos geworden angesichts einer völlig veränderten Situation, an der die Studentenunruhen von 1967/68 nicht unbeteiligt sind. Antonionis Figuren (sie tauchen in „L'avventura" und später in „Blow Up" wieder auf) stecken in einer geistigen und moralischen Krise, und als Träger unserer Gesellschaft sind sie mitverantwortlich für den erschreckenden Verfall an Werten, von dem unsere Zeitungen tagtäglich Zeugnis ablegen. Plötzlich kommt „La Notte" einer Prophezeiung gleich, der filmischen Diagnose einer verheerenden Epidemie, die unter dem Stichwort „ennui" oder Langeweile oder Sterilität unser Jahrzehnt vergiftet.

6. August 1974

Die Abdankung

Ist das Fernsehen nicht wunderbar? Da kämpft ein Mann im fernen Washington D.C. seinen letzten und vielleicht schwersten Kampf – und wir sind dabei, sehen das etwas hilflose Lächeln um seinen Mund zucken, schauen ihm direkt in die treuherzig appellierenden Augen, hören, wie sich der gerade noch mächtigste Mann der westlichen Welt von denen verabschiedet, die ihm bis zum unvorstellbaren Ende die Treue gehalten haben.

Schon früh am Abend hatte die ARD das Programm „Titel, Thesen, Temperamente" kurzfristig abgesetzt und statt dessen unter der Leitung von Rudolf Rohlinger eine Dokumentation über den politischen Werdegang von Richard Nixon gebracht. Das war Beispiel eines erstklassigen Fernsehjournalismus. Ich erinnere nur an Rohlingers Eröffnung: Genau auf den Tag – 8. August 1968 – die Nominierung Richard Nixons zum Präsidentschaftskandidaten, und sechs Jahre später seine erzwungene Abdankung. Solche Einzelheiten machen das Drama der journalistischen Kleinarbeit aus; es ist ein Instinkt, der dem Chaos der Geschichte eine Ordnung aufzwingt und dem echten Journalisten so angeboren ist wie die kribbelnden Finger dem Karikaturisten oder Taschendieb.

(...)

10. August 1974

Schwarze Löcher

Der einzige Lichtpunkt des Abends: ein schwarzes Loch! Jenes nämlich, das nach Meinung der Astronomen im Universum entstehen kann, wenn ein Fixstern von einer bestimmten Größe in sich zusammenstürzt und folglich auf kleinstem Raum eine so gewaltige Masse konzentriert, daß in seiner näheren Umgebung nichts – auch nicht das Licht – seiner Schwerkraft entfliehen kann. Die Sendung „Aus Forschung und Technik" des ZDF, die sich diesmal mit dem neuesten Stand auf dem Gebiet der Sternkunde beschäftigte, arbeitet im allgemeinen nach einer wohlerprobten Regel: Erst wird das Problem – hier die Schwerkraft – gewissermaßen auf Schulebene vorgetragen; dann erfolgt die komplizierte wissenschaftliche Anwendung. Das ist nicht nur lehrreich, sondern auch spannend. Es scheint, daß man die Existenz solcher schwarzen Löcher gar nicht nachprüfen könnte, wenn es nicht sogenannte Binarien – Zwillingssterne – gäbe, von denen der eine unnatürlich in die Länge gezogen wird, weil Brüderchen sich zu eben einem solchen unwiderstehlichen Nichts entwickelt hat. Alles was ihm in die Nähe kommt, wird auf Nimmerwiedersehen geschluckt.

Ein kleiner Happen, den ich diesem himmlischen Nirwana anbieten möchte, heißt „Ulla oder die Flucht in die schwarzen Wälder", die dann folgende Fernseh-Liebesgeschichte von Benno Meyer-Wehlack, die nach Absicht des Autors (ich zitiere das Programmheft) weder klassisch-tragisch noch kitschig sein sollte. War sie auch nicht. Sie war eigentlich ein Nichts. Eine verspielte Verwirrung, eine sich ständig wiederholende Poetasterei, eine achtzig Minuten währende Schmonzette, ein schwarzes Loch des Geistes, allerdings ohne Schwerkraft.

21. August 1974

Nur keine Aufregung

Der Schornstein muß rauchen! Welch eine Gefahr steckt in dieser scheinbar harmlosen Redensart. Seit rund 130 Jahren rauchen die Schornsteine, fließen die Abwässer in unsere Kanäle und Flüsse, verunstalten Berge von Abfällen unsere Landschaft, vergiften chemische Zutaten unsere Nahrungsmittel, wird Raubbau mit unseren Rohstoffen getrieben – alles im Namen des Fortschritts, der Produktionssteigerung, der Maximierung der Gewinne. Und plötzlich ist es soweit, daß es nicht mehr so weitergeht. Ein neues Vokabular macht sich breit: Umweltschutz, Kläranlagen, Emissionsfilter, Wiederverwertung und so weiter.

Wir werden unsere Lebensart ändern müssen oder wir werden untergehen. Der Film „Kein Grund zur Unruhe" von Axel Block, Peter F. Bringmann, Gabi Kubach und Melanie Walz machte die ganze Problematik an einer Bleihütte deutlich, dem Hauptarbeitgeber einer ländlichen Kleinstadt. Erst erkrankt das Vieh, dann der Mensch. Es dauert lange, bis sich die Einwohner zum Protest aufraffen, zuviele gegensätzliche Interessen sind im Spiel. Die Firma will die Erneuerung einer Filteranlage hinauszögern, um einen dringenden Auftrag erfüllen zu können. Die Stadtverwaltung bangt um ihre Arbeitsplätze. Der Herausgeber des Lokalblattes sieht seine eigenen Kapitalinteressen gefährdet und wehrt sich gegen „Panikmache". Es wird beschwichtigt: es ist alles nicht so schlimm. Aber dann kommt es doch zum massiven Protest, und weise lassen die Autoren ihr Stück an dieser Stelle ausklingen.

Der Leser weiß, ich bin kein Freund von Wiederholungssendungen. Aber diese WDR-Produktion sollte alle sechs Monate wiederholt werden, verbunden mit einem gleichzeitigen Fernsehstop auf allen anderen Kanälen. Denn wo es um unsere Existenz geht, wird die unterhaltsame Ablenkung zur Sünde.

22. August 1974

Lesestunde

Ein nicht sehr schöner Mann liest auf nicht sehr schöne Weise einen ganz und gar nicht schönen Text – und zwar eine ganze Stunde lang. Damit auch ja niemandem die ironische Absicht entgeht, wird die Sendung als „Eine Unterhaltung im ZDF" angekündigt. Der Mann heißt Helmut Qualtinger. Er richtet an gegebener Stelle die Augen himmelwärts, verheddert sich, kriegt einen dialekt-gefärbten Sprachkoller, beruhigt sich wieder, zerhaut die nächsten zwei Sätze wie Walnüsse, hält plötzlich inne, als wäre ihm ein Nußsplitter zwischen die Zähne geraten, fängt vor Anstrengung zu schielen an, brüllt wieder los, ballt die Hand zur Faust, zieht den Kopf ein und fängt mit diesem ganzen schauspielerischen Repertoire von vorne an. Das Buch, aus dem er liest, heißt: „Mein Kampf"; der Autor: Adolf Hitler.

Wo immer Qualtinger im vorigen Jahr auf einer ausgedehnten Tournee diese „Unterhaltung" vortrug, soll es volle Häuser gegeben haben. Es heißt, dieser sprachliche Drahtseilakt sei ein Beitrag zur Enttabuisierung der NS-Zeit. Wieso eigentlich? Die Horrorphilosophie vom Über- und Untermenschen als Kabarettnummer? Es ist ja nicht so, als ob damals niemand in Deutschland diesen pseudowissenschaftlichen, pseudohistorischen Blödsinn als das durchschaut hätte, was es war: die Demagogie eines Rattenfängers. Erst mußte doch eine ziemlich massive Opposition mit äußerster Brutalität zerschlagen werden, bevor sich die braune Pest ausbreiten konnte. Wem also nützt diese verspätete Entlarvung? Feit sie uns gegen die raffinierten Mechanismen der Gleichschaltung in unserer Zeit? Mitnichten. Qualtingers Kreuzzug ist Krampf.

29. August 1974

Top Management

Das Wochenende war im Zweiten Programm mit einem ebenso bunten wie bedrückenden Filmbericht von Jörn Thiel über die indische Pilgerstadt Hardwar, am Fuße des Himalajas, ausgeklungen. Vier Millionen Menschen waren dort im April dieses Jahres zusammengeströmt, um das große Hindufest „Kumbhamela" zu feiern und in Tanz, Meditation, Ekstase und einem Bad im Ganges ihr Heil zu suchen.

Die neue Woche begann das ZDF mit einer ebenso klangvollen wie traurigen Reportage von Monika Meynert – „Von Liebe will ich nicht singen..." – über die Musica Popular, die Volksmusik Brasiliens, und die in jenem Land am weitesten vertretene Religion, genannt Makumbha, eine Mischung aus Christentum, afrikanischen Mythen und Zauberei. Die Musik und wilden Tänze, unter deren Einfluß die Menschen in Verzückung geraten, nannte die Autorin „die ohnmächtigste Antwort des Volkes auf seine Armut".

„Man lebt, solange man sich teilt." Es klingt mehr wie eine philosophisch-moralische Erkenntnis denn eine biologische Feststellung, mit der uns Hoimar von Ditfurth das Prinzip der Lebensdauer zu erklären suchte. Im „Querschnitt", einer Sendefolge, die ich nicht missen möchte, ging es diesmal um die Mechanik des Alterns und die Konsequenz des Todes. Ohne den Tod – so von Ditfurth – keine Entwicklung zum Höheren; und ohne die Gewißheit des Todes, tröstete er, wie ängstlich müßten wir unsere Unsterblichkeit beschützen.

Die Ängste und Nöte des Top-Managements sind für mich normalerweise nicht von brennendem Interesse. Wie dieser Werksleiter seinen Posten bekommen oder wieder verloren hat, mit welchen Gesprächen, Einkäufen oder Liebschaften seine Frau ihre Zeit vertut, läßt mich im allgemeinen kalt. Um so bemerkenswerter, wie mir das Fernsehspiel von Herbert Knopp, „Plus minus Null", unter die Haut ging. Das lag nicht nur an der klugen und sachlichen Regie von Franz Peter Wirth oder der hervorragenden Besetzung – Horst Tappert als ausrangierter Chef der deutschen Dependance eines amerikanischen Computerkonzerns, Anaid Iplicjian als seine Frau, die nach seinem Selbstmord mit seinem Nachfolger, Rolf Becker, ein Techtelmechtel anfängt, Werner Bruhns als Repräsentant der Mutterfirma –, sondern vor allem an der kühlen Ehrlichkeit, mit der hier das gewissenlose Kalkül der wirtschaftlichen Macht bloßgelegt wurde. Diese überaus fähigen, dynamischen Spitzenkräfte der Industrie sind in ihrer Lebensweise, ihren An- und Aussichten so genormt wie die Produkte, die sie herstellen. Sie reden vom Menschen und meinen den Absatz. Sie können einem leid tun, wenn da die Swimmingpools, die teuren Wagen und Pelzmäntel, die kostbaren Einrichtungen nicht wären. Sie können einem trotzdem leid tun.

16. Oktober 1974

Wege im Urwald

Von einem professionellen Fußballer erwarte ich, daß er in seiner Mannschaft den Platz mit seiner Kunst und Fertigkeit füllt, den ihm sein Trainer und die Gunst des Publikums zugewiesen haben. Seine Ansichten über Kunst, Politik oder die Ehe sowie seine Fähigkeit, von der Kritzelei eines Kollegen auf die Sache zu schließen, die sie darstellen soll, interessieren mich kaum. Will sagen, „Die Montagsmaler", das Fernsehspielchen, welches sich der SWF für Vereinskicker der Bundesliga ausgedacht hat, ist nicht dazu angetan, etwaige Vorurteile, die geistige Potenz der Rasenkrieger betreffend, abzubauen.

Wie soll jemand, dem mit diesem „Spaß" der Bregen schlafweich geklopft wurde, dann noch die Energie und das Interesse für Probleme von größerem Gewicht aufbringen? Die starren Programmstrukturen von ARD und ZDF führen leider immer wieder dazu, daß die vornehmste Mission des Fernsehens, nämlich auf gehaltvolle und wenn möglich unterhaltsame Weise aufklärerisch zu wirken und uns empfindsamer zu machen, nur von den wenigen wahrgenommen werden kann, die am nächsten Tage nicht schon früh zur Arbeit gehen müssen.

Wie sehr hätte man zum Beispiel den dann folgenden Sendungen der ARD, Roman Brodmanns „Bericht aus Zelle 49" und noch viel mehr dem „Studio-Film am Montag" die höchstmöglichen Einschaltquoten gewünscht. Es darf nicht wundernehmen, wenn man öfter, als den Sendern lieb sein kann, die Meinung zu hören bekommt, daß viele wichtige und enthüllende Beiträge zu verhältnismäßig später Stunde ausgestrahlt werden, um die breite Öffentlichkeit, das Millionenpublikum, nicht bewußtseinsfördernd an- und aufzuregen – ohne Verzicht auf den Anspruch einer allumfassenden und freien Information; analog zur Taktik einiger Presseorgane, die unter einer trivialen Sensationsnachricht auf Seite 1 die wirklich wichtige Meldung des Tages auf der dritten Seite links unten begraben.

„Sambizanga" – schon der Titel ist pure Musik. Dieser vehemente und zugleich zarte Film von Sarah Maldoror wurde schon vor einem Jahr vom Forum des Jungen Films während der „Berlinale" gezeigt. Er schildert die Suche einer jungen Frau nach ihrem Mann, der in den Anfängen der Freiheitsbewegung in Angola von der politischen Polizei aus seinem Dorf nach Luanda, der Hauptstadt, verschleppt und dort zu Tode gefoltert wurde, weil er sich weigerte, seine Freunde, darunter auch einen Weißen, zu verraten.

Aber er zeigt noch viel mehr. Die Arbeit der Männer im Steinbruch, die Wäscherinnen, die spielenden Kinder, das flutende Leben einer afrikanischen Stadt, die Wege im Urwald, die, wie das Lied sagt, auch die Wege der Liebe sind, die Würde dieser Menschen, ihre Zärtlichkeit für einander, alles Dinge, die wir in Europa kaum noch zu erwähnen wagen, ohne uns einer Sentimentalität oder des verfälschenden Klischees verdächtig zu machen. Fünfhundert Jahre Kolonialherrschaft haben es nicht vermocht, die Menschen Afrikas in ihrem Kern zu treffen oder zu erniedrigen. Auch das zeigt dieser Film, der mit einem Fest und dem ersten Signal des Widerstandes gegen die Willkür der Macht endet. Dann berichtete die letzte Tagesschau von neuen Schießereien in der Hauptstadt von Mozambique. Die Leidensgeschichte der portugiesischen Kolonien ist noch nicht zu Ende.

23. Oktober 1974

Ein Stück Menschlichkeit

„Ja, vor Zeiten war'n die Zeiten noch ganz anders, und man war doch wer / wenn man auch nur ein Greißler war und ka' Millionär", sang Hans Moser vor fünfzig Jahren in dem Lustspiel „Essig und Öl". Heute müßte man – auch in Österreich – erklären, was ein Greißler war. Die kleinen Lebensmittelverkäufer sterben aus genauso wie die kleinen Handwerks- und Familienbetriebe, und auch mittlere und selbst Großunternehmen sind vor dem Untergang nicht sicher. Es ist der Fluch der Konzentration, der Drang zum Monopol, die unausbleibliche Folge der alle Landesgrenzen sprengenden Konkurrenz.

„Mit jeder Zeitung, die ihr Erscheinen einstellen muß, geht ein Stück Menschlichkeit verloren", hieß es in „Presse – Preise – Pleiten", einem Bericht über das Zeitungssterben in der Bundesrepublik von Hans Gresmann und Ulrich Maurach. Auch hier wurde die sogenannte Ölkrise als Ursache von kolossalen Preissteigerungen angeführt. Aber die Pressekonzentration hatte doch schon lange vor jener Krise begonnen? Und sie hätte sich mit Sicherheit auch ohne die Taktiken des Scheichs von Abu Dhabi fortgesetzt.

Die Vielfalt der Meinungen sei gefährdet! Die das jetzt beklagen, sind schon immer sehr bescheiden in ihrem Anspruch auf die freie Meinungsäußerung gewesen. Denn das Prinzip, das Menschen über Nacht an der Wümme nördlich von Bremen oder in Göppingen südöstlich von Stuttgart ihrer Hauspostille beraubt, ist von eben diesen Blättern nie in Frage gestellt worden. Und auch wenn Regierungssprecher Bölling erklärt: „Dieser Bundeskanzler ist ein passionierter Zeitungsleser", um anzudeuten, daß Helmut Schmidt notfalls auch Schritte unternehmen würde, den weiterhin gefährdeten Redaktionen eine Unterstützung zukommen zu lassen, läßt sich die Entwicklung, die uns jeden Tag ein neues Stückchen Menschlichkeit kaputtmacht, nicht aufhalten.

25. Oktober 1974

Ethik und Genie

Er sah aus wie ein alttestamentarischer Prophet, der amerikanische Dichter Ezra Pound, und er besaß die intellektuelle Arroganz und Egomanie des selbsterklärten Genies. Wie seinem Freund und Jünger, dem anglo-katholischen Verlagsdirektor und Dichter T. S. Eliot, wurde auch ihm ein rassischer Elitismus vorgeworfen. Ein Vorwurf, der von den Anhängern beider leidenschaftlich bestritten wurde.

Nicht zuletzt auch von jenen, die vom Rassismus Pounds unmittelbar betroffen waren, nämlich von seinen jüdischen Freunden und Verehrern. So erzählt Heinz von Cramer zum Beispiel in „Der Fall Ezra Pound" (Drittes Programm), wie der zum Buddhismus konvertierte jüdisch-amerikanische Dichter Alan Ginsburg den greisen Ezra Pound in Italien besuchte, ihn zärtlich küßte und ihm seine uneingeschränkte Verehrung darbot.

Nun bin ich allerdings der Meinung, daß zwischen der Geisteshaltung eines Dichters und seinem Werk ein unmittelbarer existentieller Zusammenhang besteht und daß seine Größe und Bedeutung zumindest für seine Zeitgenossen und die von seinem Geist beeinflußten folgenden Generationen auch mit dem Maßstab der Humanitas gemessen werden muß. In dieser Hinsicht aber hatte Pound versagt. Sein Elitismus machte ihn zu einem Befürworter des Faschismus; seine Verachtung galt den Politikern und Völkern, die sich im Kampf gegen die größte Mordmaschine der modernen Geschichte befanden. Churchill und Roosevelt waren in seinen Augen die größten Verbrecher, die Russen nannte er schlicht Barbaren.

(...)

30. Oktober 1974

Staatsbegräbnis

Moralische Schwärmer besitzen manchmal Witz, doch selten Humor; außerdem mangelt es ihnen häufig an geschichtlichem Bewußtsein. Denn die Geschichte liefert den Nachweis von der Veränderbarkeit aller menschlichen Werte, während sich die Leidenschaft des Moralisten wie des Schwärmers an der, wie er glaubt, ewigen Gültigkeit seiner Vorstellung von Gut und Böse, von Nobel oder Perfide entzündet. Die Charakterisierung trifft auf Rolf Hochhut zu, untypisch nur darin, daß es ihm auch an Witz gebricht. Nur ganz zum Schluß seiner in mancher Hinsicht merkwürdigen Fernseh-Laudatio auf Winston Churchill, die der NDR unter dem Titel „Triumph und Tragödie" zum 100. Geburtstag des alten Haudegens ausstrahlte, brachte er so etwas wie eine historische Pointe zuwege: die Feststellung nämlich, daß Churchills imposantes Staatsbegräbnis 1965 gleichzeitig auch als Begräbnis jenes Staates angesehen werden könnte, dessen umstrittenster und brillantester Vertreter er gewesen war.

Aber gleich – der größte Engländer nach Shakespeare? Da kommt der Schwärmer zum Vorschein, der einer britischen Bulldogge unbedingt das Schwert eines Drachentöters umhängen möchte. Keine Frage, Churchill war, wie eine Frau im Film auch sagte, „der richtige Mann zur richtigen Zeit am richtigen Ort", doch welche richtige Einschätzung der Qualitäten Churchills liegt in der oft auch im Ausland bewunderten politischen Entscheidung seines Volkes, das ihm im Juli 1945 das Vertrauen wieder entzog.
(...)

4. Dezember 1974

Expertenkrise

Leuten mit schwachen Nerven wird empfohlen, die Abende in der Mitte der Woche eine Zeitlang für kleine gesellschaftliche Zusammenkünfte freizuhalten, für einen Kneipenbummel oder Kinobesuch. Nichts ist gegenwärtig so duster wie der Fernsehschirm, wenn er nicht duster ist. Besonders das ZDF tut sich darin hervor, die frohe Botschaft des Monats mit den grellen Schreien des Untergangs zu übertönen. Wer soll denn da noch schlafen können, wenn Wolfgang Schröder für „Bilanz" eine sicherlich nicht billige Ringschaltung arrangiert und uns so die Ratlosigkeit der Experten aus Washington, London, Paris, Zürich und Bonn ins Haus bringt, Herren, die nur in einem Punkt gleicher Meinung sind: die Krise – weltweit – kommt bestimmt, ja, sie ist schon da.

Das Problem scheint allerdings auch außerordentlich knifflig zu sein. Nach dem amerikanischen Professor Fritz Machlob sollte gar nichts getan werden. Er meinte, wir wären jetzt in dieser Bredouille, weil man vor zwei Jahren versucht habe, das damalige Kätzchen einer Krise zu meistern. Wenn man jetzt wieder so täte, als könne man gleichzeitig die wachsende Arbeitslosigkeit eindämmen und die Preise und Löhne stabil halten und dabei alles tun, um den sinkenden Absatz zu heben, würden wir uns in noch einmal zwei Jahren einem reißenden Tiger ausliefern.

Die Schwierigkeit, meinte Malcolm Rutherford von der „Financial Times", ist nur die, daß das liebe Tier uns jetzt schon an der Kehle hat. Seinem französischem Kollegen schien das wieder übertrieben. Er sah – wie er das zuwege brachte, bleibt sein Geheimnis – einen Schimmer von Hoffnung in der Tatsache, daß Frankreich in diesem Jahr für 13 Milliarden Franc Waffen exportiert hat. Und dieses Geschäft blüht.

Wirklich fröhlich war aber nur Dr. Ehrenberg in Bonn. Er vertrat die Ansicht, daß es gelingen müsse, die anderen befreundeten Industriestaaten zu der selben Wirtschaftspolitik zu überreden, wie sie die Bundesrepublik bereits so erfolgreich betreibe. Dann müßten aber doch wohl alle mehr an die anderen verkaufen, als sie selber importieren? Oder habe ich das falsch verstanden?

6. Dezember 1974

Tabu Tod

(...)

Bestimmte Bereiche des Lebens, die uns unsere Verbundenheit mit dem Tier bewußt machen, hat der Mensch über die Jahrtausende zu recht mit einem Tabu belegt. Die Geburt eines Kindes, der Liebesakt und der Tod eines Menschen sollten womöglich unter Ausschluß der Öffentlichkeit stattfinden. Die zu leichtfertige Zur-Schau-Stellung jedes dieser Geschehnisse bewirkt keineswegs die vielleicht angestrebte Versachlichung des Vorgangs, sondern eher eine Verletzung unserer Sensibilität. Alte Menschen, die dem Tod zudämmern, können sich gegen die freche Neugier einer Fernsehkamera nicht zur Wehr setzen. Solange Wilma Kottusch ihren Bericht über das Thema „Sterbehilfe – Mord oder Möglichkeit?" (SFB) auf die Diskussion mit Ärzten und einigen unter Schmerzen dahinsiechenden Kranken beschränkte, leistete sie einen wichtigen Beitrag zur Aufklärung des Problems. Die Aufzeichnung der letzten Lebenssekunden eines ohnehin schon bewußtlosen Menschen half ihrem Argument nicht weiter, war eine völlig unnötige und unnötig beunruhigende Pointe, die sie sich und uns hätte ersparen können.

7. Dezember 1974

Künstlerreport

Daß die Kunst ein brotloses Gewerbe sei, jenes alte Vorurteil braver Bürgerseltern gegenüber den farbigen und tönenden Ambitionen ihrer von der Norm abweichenden Sprößlinge, ist heute Wirklichkeit. „Titel, Thesen, Temperamente", das sich früher einmal mit dem Los der freiberuflichen Schriftsteller beschäftigt hatte, befaßte sich diesmal mit der prekären Lage der Artisten, Musiker und Maler in diesem Land. Man fragt sich, warum in einer Zeit, in der nicht der geistige Aufwand, sondern der Markt den Wert einer jeden schöpferischen Tätigkeit bestimmt, ausgerechnet den Künstlern eine Ausnahmestellung zugebilligt werden soll. Der Grund ist, weil ihre Produktionsweise anderen Gesetzen unterliegt. Geistige Investitionen kann man nicht abschreiben. So kommt die himmelschreiende Ungerechtigkeit zustande, daß ein Künstler nach seinem Umsatz eines Jahres besteuert wird, so daß er sich für die mageren Jahre keine Investitionsrücklage sichern kann. Bei ihm bedeutet aber Investition das Leben selber, der Lebensunterhalt, die Erfahrungen, die er künstlerisch verarbeiten muß. Was ist das aber für eine Gesellschaft, die ohne Musik nicht auskommen will, aber ihre Musiker nahezu verhungern läßt?

14. Dezember 1974

Das Gewissen der Reichen

De mortuis nil nisi bene – und besonders, wenn es sich um einen jüngst noch gefeierten Dichter handelt. Ursprünglich war „Zinngeschrei" von Günter Eich ein Hörspiel. Jetzt hat das ZDF es zum Fernsehspiel aufgemöbelt, Ludwig Cremer die Regie übertragen, und nun haben wir den Salat. Denn diese gut gebaute, mit cleveren Dialogen versehene Geschichte von dem bolivianischen Revolutionär in Paris, der sich von seinem Gegner, dem Besitzer einer Zinnmine, kaufen läßt, nachdem er dessen Sohn die Denkanstöße gegeben hatte, die jenen schließlich dazu bringen, sich von seiner Familie und ihrem blutigen Reichtum loszusagen, ist in Wirklichkeit eine blamable Fehlleistung des Autors der „Botschaften des Regens".

Nicht daß ein solches Geschehen nicht denkbar wäre. Es gibt genügend Renegaten, die einst gegen die Ungerechtigkeit zu Felde zogen, es dabei dann doch bequemer und lukrativer fanden, sich mit den Machthabern zu arrangieren. Und auch die Umkehrung scheint nicht ganz aus der Luft gegriffen zu sein. Wo kämen sonst die vielen Revoluzzer aus vermögenden Häusern her? Was unstatthaft, was geradezu widerlich an dieser Angelegenheit ist, drückt die von jedem Aufsässigen oft gehörte Floskel aus: „Das ist doch nur Neid. Du würdest nicht so reden, wenn du soviel Geld hättest." Das heißt, das Problem der Armut, Ausbeutung, Unterdrückung wird auf den kleinsten gemeinsamen Nenner, auf Neid und Habgier, auf ein gutes oder schlechtes Gewissen reduziert und, in diesem Fall, dann zu einem Denkmodell, zu einem gedanklichen Zeitvertreib, zu einer auf Schablonen aufgebauten Spielerei mißbraucht.

Aber die Armut und Unterdrückung in Bolivien oder anderswo ist doch nicht abhängig vom Charakter der Besitzenden, unter denen sich viele gute und ehrenwerte Menschen befinden mögen, sondern von ganz bestimmten Mechanismen der Macht, die es zu verändern gilt, wenn wir die Armut abschaffen oder auch nur lindern wollen. Ob dieser angebliche Funktionär käuflich ist oder jener Millionärssohn von einem schlechten Gewissen geplagt wird, was sagt das schon aus? Darf man aber die elenden Zustände in den Zinnbergwerken Lateinamerikas für so ein Puzzlespiel verwenden?

25. Dezember 1974

Aus Alfreds Küche

Einen „fernsehkritischen Leichenschmaus mit Einlagen" hatte das 3. Programm angekündigt, eine „heitere Trauerfeier" anläßlich der – zumindest vorläufigen – Grablegung von Alfred Tetzlaff. „Requiem für ein Ekel" nannte sich diese Rückschau auf eine der populärsten und umstrittensten Serien der letzten Jahre – weniger fröhliches Begräbnis als stümperhafte, übereifrige Autopsie.

Was da in Alfreds Küche zerlegt und zerredet wurde, übte auf mich eine so fürchterliche Faszination aus, war so sehr dazu angetan, eine ganze Flut von teutonischen Verallgemeinerungen die Nerven zucken zu lassen, daß weder „Die Wirkung von Gammastrahlen auf Ringelblumen" im 1. Programm, noch die mit einem Auge erspähte Tatsache, daß der ZDF-„Kommissar" eine Schußverletzung davongetragen hatte, mich abzulenken vermochten.

Oh rund- und glatzköpfiger Wolfgang Menge, wie leid tatest du mir in dieser Runde von Soziologen, Gewerkschaftssprechern, Kabarettisten, Schriftstellern und Programmgestaltern, die keinen Satz von sich geben konnten, ohne daß Wörter auftauchten wie „mediendidaktisch", „lernpathologisch", „Frontalunterricht" und so weiter; wie mußt du bei dieser überkandidelten, verzweifelt unkomischen Leichenfledderei gelitten haben. Hätte Dieter Süverkrüp geahnt, in welch einem pseudointellektuellen Morast er seine Lieder zum besten geben sollte, er hätte statt der Klampfe die Schrotflinte mitgenommen.

Irgend etwas stimmt doch in diesem Land nicht, von irgendwoher weht doch ein übler Wind, wenn eine Sendung wie „Ein Herz und eine Seele" soviel heißen Dunst, demoskopische und soziologische Untersuchungen, auslösen kann. Schon daß Menge – im Gegensatz zu seinem englischen Vorstreiter – gezwungen war, nicht einen Spießer zu entwerfen, um ja sicher zu gehen, daß sich die Zahl jener, die sich mit den gemeingefährlichen Ansichten eines Alfred Tetzlaff identifizieren, in Grenzen bleibt, ist Beleg für den Knacks in der bundesdeutschen Psyche. Jetzt mal das Porträt eines „gebildeten" Bundesbürgers, vielleicht das eines Oberstudienrates oder eines Rechtsanwalts. Mal sehen, ob wir dabei besser wegkommen.

29. Dezember 1974

Ladendiebstähle

„Was ist ein Einbruch in eine Bank gegen die Gründung einer Bank?" fragt MacHeath, gegannt Macky Messer in Brechts „Dreigroschenoper". Die meisten Ladendiebstähle werden von Leuten begangen, denen zwar bewußt ist, daß ihre Handlung unrechtmäßig ist und eine Bestrafung nach sich ziehen kann, nicht aber, daß sie unmoralisch ist. In ihren Augen sind die großen Warenhäuser oder eine Kette von Discountläden seelenlose Institutionen, deren einziges Ziel es ist, den Leuten das Geld aus der Tasche zu ziehen. Wer sich da selbst hilft, tut es meist aus Überzeugung, sich etwas von dem zurückgeholt zu haben, was ihm von einer aufdringlichen Werbung, einem marktpsychologisch aufbereiteten Warenangebot und den Vorteilen des Großeinkaufs abverlangt wird. Natürlich gibt es noch andere Gründe für das Anwachsen gerade dieser Straftaten – der Kitzel der Gefahr, ein nicht immer nur neurotisches Verlangen nach etwas Aufregung und, wahrscheinlich an letzter Stelle, tatsächlich Not – doch keine davon wurde von Gerd Jauch in der Rechtsreihe des ZDF, „Wie würden sie entscheiden?", ausgeleuchtet. Der Fall, den er zur Diskussion stellte – eine bislang unbescholtene Kassiererin eignet sich in einem Kaufhaus ein paar Glasperlenketten, eine Herrenkrawatte und eine Herrenarmbanduhr an, die sie gar nicht braucht, und setzt sich mit einem Regenschirm gegen die Hausdetektivin zur Wehr –, führte bei der darauffolgenden Studio-Verhandlung zum voraussehbaren Ergebnis: die Mehrheit befand auf die Mindeststrafe von einem Jahr mit Bewährung. Er war jedoch wenig geeignet, das Phänomen zu erklären – immerhin registrierte man 1973 186 000 Ladendiebstähle, und die Dunkelziffer läßt ein Vielfaches solcher Delikte vermuten – oder gar Vorschläge anzuregen, wie ihm beizukommen wäre.

Sehr viel aufschlußreicher war dagegen die zweite Folge der Reihe „Menschen und Mauern" vom WDR, die sich diesmal mit einem neuen Modell im Strafvollzug in Berlin-Tegel befaßte. Liegt die Rückfallquote bei jenen, die dem bisher üblichen Strafvollzug ausgesetzt werden (ein Gefangener nannte ihn „gemein und pervers") bei über 80 Prozent, so ist sie bei jenen, die sich dem neuen „sozialen Training" unterzogen haben, auf unter 50 Prozent gesunken. Das ist sicher noch nicht genug. Aber eine aufgeschlossenere, auf Sozialisierung bedachte Behandlung von Strafgefangenen bedingt gleichzeitig eine ebenso aufgeschlossene, ihrer Verantwortung auch gegenüber Straftätern bewußte Öffentlichkeit. Wer da ohne Fehl ist, werfe den ersten Stein.

1. Januar 1975

Festung ohne Dach

Ein hohes Vertrauen in seine wissenschaftlichen Sendungen bewies Radio Bremen: die ersten zwei Folgen der Serie „Denken – lernen – vergessen" wurden bereits vor zwei Jahren ausgestrahlt. Man hatte mitgedacht, dazugelernt und wieder vergessen. Diesmal ging es eher darum, wie man sich erinnert – nämlich durch assoziatives Denken. Es sind die alten mnemonischen Tricks – auf kybernetisch. Wenn eine Information in mir kein Interesse auslöst, werde ich ihr auch keine Aufmerksamkeit schenken, und, ergo, schnellstens wieder vergessen. Kann ich sie aber mit irgendetwas mir Wesentlichem in Verbindung bringen, werde ich sie im Gedächtnis behalten oder, modern ausgedrückt, speichern.

Kriegserinnerungen zum Beispiel. Es ist doch immer wieder erstaunlich, woran sich Menschen erinnern, was sie verdrängen und was im Laufe der Zeit an Wichtigkeit gewinnt, das man damals vielleicht nur als Randerscheinung bemerkt hatte. Am 30. Jahrestag der Zerstörung Dresdens wiederholte das ZDF Rudolf Wollers Dokumentation „Als Feuer vom Himmel fiel..." „Man hatte vergessen, über die Festung Europa ein Dach aufzubauen", meinte General a.D. Johannes Steinhoff, jener mit dem verwüsteten Gesicht. Im Klartext: Hitler und die Seinen konzentrierten sich nur auf den Angriff, nicht auf die Verteidigung. Heute würde wohl kaum jemand bestreiten wollen, daß die Zerstörung der deutschen Städte eine völlig sinnlose Barbarei darstellte, die den Krieg eher verlängerte als abkürzte. Aber die Vergeltungsschläge der britischen RAF waren anfangs nur zur psychischen Entlastung der eigenen Bevölkerung gedacht, die vorher unter ähnlichen Bombenangriffen zu leiden gehabt hatte. Die Sendung machte den ganzen ungeheuerlichen menschenverachtenden Unfug – auf beiden Seiten – einer einmal konzipierten Strategie deutlich, von der die Verantwortlichen dann ohne Einbuße von Ansehen nicht lassen können. Schlimm ist nur, wie wenig man sich der Spannung und auch ästhetischen Faszination des Kriegsgeschehens entziehen kann und daß das Leiden der Menschen bei einem Bericht über den Luftkrieg nur selten ins Bild kommt.

15. Februar 1975

Wohlstand auf Pump

Wie leicht man einen Gewerbeschein bekommen kann, der einen ermächtigt, ins Kreditgeschäft einzusteigen, zeigte Hannes Marx in der ZDF-Senung „Wohlstand auf Pump" aus der Reihe „Stichproben". Ziel seiner Spielchen mit drei Ehepaaren war es, den Zuschauer vor den Fallen zu warnen, die dem Kreditsuchenden oft gestellt werden, um ihn besser schröpfen zu können. Ich halte die oft gehörte Aufforderung, man solle doch bitte das „Kleingeschriebene" lesen, die Angebote genau prüfen und die Kosten nachrechnen schlicht für unmoralisch, weil sie nämlich implizite dem Geprellten die Schuld an dem Schwindel gibt, auf den er reingefallen ist.

Warnfilme diese Art sind nur dort nötig, wo es gewissermaßen zum guten Ton gehört, sich auf Kosten anderer zu bereichern, und sie werden vorwiegend auf jenen Ebenen produziert, wo es höchstens um ein paar tausend Mark geht. Der wirkliche Reibach, das ganz große Geschäft auf Kosten Tausender, vollzieht sich im Glorienschein des gesellschaftlichen Erfolges und wird oft noch mit öffentlichen Ehrungen ausgezeichnet.

Mit einem sehr guten Fernsehfilm von Renke Korn machte das ZDF den Bluff wieder wett, mit dem es sich gerade der Not des bedrängten kleinen Mannes angenommen zu haben scheint. „Der Alte" erzählt die Geschichte eines Mannes, der nach zwanzig Jahren im Bergbau als ungelernter Anstreicher auf den Bau geht. Er kann mit den Jüngeren nicht mithalten; dabei hat er noch das Glück, auf einen verhältnismäßig verständigen Kumpel zu stoßen, der bei ihm logiert und auch einmal Hand anlegt, wenn ihm selber die Arbeit zu schwer wird. Es kommt der Moment, wo man anfängt, um die Freundschaft der beiden, gespielt von Herbert Stass und Claus Theo Gärtner, zu zittern. Eben weil der Regisseur Rainer Wolffhardt jede Polemik vermied und eher unter- als übertrieb, wurde dieser Film zu einer beängstigenden Dokumentation des wölfischen Existenzkampfes, den wir alle zu führen gezwungen sind.

19. Februar 1975

Gespensterliebe

Reichlich viele Interviews und TV-Porträts für einen Abend: im ZDF erläuterte die bezauberndste Filmdirne aller Zeiten, Shirley MacLaine, der unermüdlichen Margret Dünser, was es mit der Revolution auf sich hätte. Sie wird, wenn ich die eigenwillige Dame richtig verstanden habe, noch einige Zeit auf sich warten lassen, denn zu ihrem Gelingen ist notwendig, daß sich die Menschen von den materiellen Gütern ab- und den menschlichen Werten zuwenden.

Einer, der dabei Schwierigkeiten machen wird, ist Baron Philippe de Rothschild, der wahrscheinlich von seinen kostbaren Weinen nicht wird lassen wollen; so wie es problematisch sein wird, Richard Smart zu überreden, seine Besitzungen in Hawaii aufzugeben.

Von anderem Kaliber ist da schon der Zeichner und Karikaturist Tomi Ungerer, den Percy Adlon in Nova Scotia / Kanada besuchte. „Die Leute haben hier diese ozeanische Fatalität", sagte er von seinen Mitbürgern in Lockport und entwarf – in Bild und Wort – die Vorstellung von neuen tätigkeitsbezogenen Knochen, die der Mensch entwickeln sollte, zum Beispiel einen „Busaufsteigeknochen". Besonders seine Serie „Gespensterliebe" hatte es mir angetan, die das „Playboy"-Magazin als zu pornographisch abgelehnt hat.

Gespenstisch und bedrückend war auch, was Christa Maar uns im „Kleinen Fernsehspiel" des ZDF zu zeigen hatte: „Wandas Paradies". Ein junges Mädchen, völlig vereinsamt, hat sich in einer Abstellkammer eines Kaufhauses häuslich eingerichtet. Was sie zum Leben braucht, findet sie auf den Regalen. Geld verschafft sie sich, indem sie einzelne Waren mitgehen läßt und draußen billig verhökert. Einmal lernt sie ein anderes Mädchen kennen und nimmt es in ihr „Paradies" mit, wo sich die zwei in den verschiedenen Abteilungen austoben. Als ihr einziger ständiger Gefährte, ein kleiner Hamster, stirbt, macht ihr lautes Weinen das Personal auf sie aufmerksam, und sie landet, gänzlich verstört, bei der Polizei. Diese makabre Vision – ein Kaufhaus, Inbegriff unserer konsumorientierten Welt, als Refugium für ein schutzloses Menschenkind – soll auf einer wahren Begebenheit beruhen. Mir nahm sie den Schlaf.

21. Februar 1975

Das Jahr der Frau

Man hätte 1975 auch das Jahr der Indianer nennen können oder der Gastarbeiter oder der Blauwale oder nach irgend einer anderen Gruppe von Lebewesen, deren Los sich durch eine solche öffentliche Aufmerksamkeit in keiner Weise ändert, weil es nämlich die Folge von ganz bestimmten politischen, sozialen und ökonomischen Zwängen ist, die kaum einer der Herren, welche so große Worte in die öffentliche Diskussion werfen, ernstlich aufzuheben gewillt ist. Jedenfalls sehe ich in Werner Höfers Diskutierrunde am Sonntag selten eine Frau, dafür um so häufiger eine, die den dort versammelten Männern zwar keinen reinen Wein einschenkt, aber immerhin die Gläser füllt. Das gleiche gilt für die vielen Showmaster des Deutschen Fernsehens, Rudi Carrell, Hans Rosenthal, Wim Thoelke, die alle ohne mehr oder weniger attraktive, mehr oder weniger stumme Assistentinnen nicht auszukommen scheinen. Auf diese Weise wird die dienende, hirnlos dem Manne zur Hand gehende und aus der Hand essende Rolle der Frau täglich dem Bundesbürger und seiner Frau, die häufig dieselbe Rolle zu spielen hat, vor Augen geführt.

An diesem Tag der Ruhe und Besinnung gab es viel zu sehen und zu lernen: über archäologische Ausgrabungen in Tunesien zum Beispiel (NDR). Oder auch, wie man in den Vereinigten Staaten den Nawajo-Indianern, denen man erst in jahrhundertelanger Verfolgung das psychische Rückgrat gebrochen hat, die ersten schüchternen Wiederbelebungsversuche angedeihen läßt (Drittes Programm). Und gegen Ende des Abends machte uns Georg Stefan Troller im ZDF mit einem geradezu unwahrscheinlichen Muskelberg aus Japan bekannt, dem aus Hawaii stammenden Sumokämpfer Takamiyma. Im Laufe einer knappen halben Stunde lieferten Troller und sein Kamermann Carl Franz Hutterer mehr lebendige und die Wurzeln Japans aufdeckende Eindrücke als andere in der vierfachen Zeit. Dazu etwas Komik, etwas Tragik, kurz ein Filmpoem über eine uns fremde Welt.

25. Februar 1975

Kikeriki

Spätestens seit den „Vögeln" des Aristophanes gehört es zum Repertoire eines jeden Schauspielers, einmal in einem Federgewand mit hackendem Schnabel und geschwollenem Kamm herumzustelzen. Was aber, wenn es sich um einen Verrückten handelt, der glaubt, sich in einen „Gallus domesticus", einen gewöhlichen Hahn der Hühnerfamilie, verwandeln zu müssen, um seiner Frau endlich beweisen zu können, wer Herr im Hause ist? Der arme Teufel baut im Wohnzimmer einen Hühnerstall auf, wartet, bis er an sich eine Temperatur von 106,2 Grad messen kann, was nur passiert, weil sich der Übersetzer, Eric Burger, nicht die Mühe gemacht hat, Fahrenheit in Celsius umzurechnen, verfällt zusehends in vogelähnliche Zuckungen und stülpt sich ein eisernes Band über den Kopf mit einem Krummschnabel aus geschliffenem Stahl. Kommt der Augenblick seiner „Epiphanie", wie das Stück von Lewis John Carlino heißt, das Stefan Wigger in der Theaterwerkstatt des Dritten Programms inszeniert hat, also seiner „Erscheinung": er kräht also, drückt seinen Leib, als litte er unter einer langwierigen Verstopfung und unter größten mimischen Anstrengungen, legt ein Ei. Aus der Traum von der strengen Hackordnung unter den Hühnern; mit einem sanften Kikeriki lullt die Frau den Erschöpften in den Schlaf.

Das Stück, das auf so drollige Wiese die Überlegenheit einer ganz normalen Frau über einen mit femininen und homosexuellen Schuldkomplexen beladenen Mann demonstriert, hätte gerade für eine Kabarettnummer gereicht, wenn nicht Uta Hallant und besonders Fritz Lichtenhahn ihre Sache so gut gemacht hätten, daß man erst nach dem letzten Hahnengeschrei zur ARD überwechselte, um wenigstens noch dreißig Minuten von Ernst von Khuons Bericht über „Die Wissenschaft vom langen Leben", die Gerontologie, mitzubekommen. Auch hier schnitt die Frau mit einer durchschnittlichen Lebenserwartung von 74 Jahren gegenüber einer von ungefähr 68 Jahren beim Mann sehr gut ab. Es war tröstlich zu erfahren, daß insbesondere Journalisten und Schauspieler wie auch andere, von denen man annehmen darf, daß sie ihr Gehirn nicht einrosten lassen, durchaus einen anregenden und erfüllten Lebensabend erwarten dürfen. Es gehe nicht darum, meinte Khuon abschließend, dem Leben Jahre, sondern den Jahren, den letzten eines

Menschen, Leben zu geben. Um das zu erreichen, müßte aber erst eine andere Formel Anwendung finden, nämlich die, daß wir nicht leben um zu arbeiten, sondern arbeiten, um zu leben.

26. Februar 1975

Sekt bei Kerzenlicht

Von den gefeierten Inszenierungen eines Max Reinhardt wissen wir nur durch zeitgenössische Berichte und die – meistens nicht sehr zuverlässigen – Erinnerungen der wenigen, die diese Blütezeit des deutschen Theaters miterlebt haben. Dank des Fernsehens können inszenatorische Glanzleistungen unserer Tage nun aber erstens einer breiteren Öffentlichkeit vorgestellt und zweitens für eine interessierte Nachwelt konserviert werden.

Und doch ist eine Aufzeichnung, möge sie auch noch so gut und penibel gemacht sein, nicht dasselbe wie das lebendige Erlebnis. Wir mögen die schauspielerischen Paradestücke von Otto Sander oder Jutta Lampe oder dem fabelhaften Werner Rehm bewundern, wie sie einer nach dem anderen unter Peter Steins Regie in „Das Sparschwein" von Eugène Labiche Revue passieren – es fehlt das Fluidum des Dabeiseins.

Dies ist nicht der einzige Grund, warum ich zu bedenken geben möchte, ob nicht mehr als drei Stunden eines so gründlich gearbeiteten Schwankes vielleicht des Guten zuviel seien. Was auf der Bühne ein rasanter Spaß ist, bekommt auf der Mattscheibe nach und nach die Konsistenz eines Kaugummis. Auch noch nach dem „Bericht aus Bonn" und der „Tagesschau" trägt der Apotheker, der im Etablissement eines Heiratsvermittlers gelandet ist, denselben gequälten und dämlichen Gesichtsausdruck; Monsieur Champbourcy ist nicht dünner geworden, seine Schwester, die leidende Léonida, nicht schöner.

(...)

6. April 1975

Schuhputzjunge

Mitleid oder Zorn über das Elend in der Welt ist oft auch eine Frage der Phantasie. Die Bilder, die wir in den letzten Tagen aus Kambodscha und Südvietnam zu sehen bekamen, haben mich weniger erschüttert als ein Bericht im „Auslandsjournal" des ZDF über einen zwölfjährigen Jungen, der sich in der äthiopischen Hauptstadt als Schuhputzer durchschlägt. Sein Blick nach oben in das Gesicht seines Kunden, den er zu einem etwas großzügigeren Trinkgeld bewegen möchte, traf in mir den Nerv, der mich angesichts der Schutzlosigkeit der Millionen von Kindern in der Welt mit der Scham der Ohnmacht erfüllte. Das war am Sonntagmorgen. Und gleich danach kam und hätte nicht kommen dürfen der berühmte Film von Curt Oertel aus den Jahren 1937 bis 1940 über „Michelangelo – Das Leben eines Titanen". Die neue ZDF-Matinee – anspruchsvolle Programme aus den verschiedensten kulturellen Bereichen – ist eine begrüßenswerte Neueinführung, aber dieser Auftakt dazu mit seinem schwülstig pathetischen Kommentar, einem Sprachrhythmus à la Goebbels und der heroischen musikalischen Untermalung von Alois Melichar ließ wenig Freude aufkommen.

„Die Netsilik-Eskimos" in ihrem Winterlager, wie sie spielen, arbeiten, sich ernähren. Das 3. Programm tut gut daran, uns die Lebensgewohnheiten von fremden Völkern nahe zu bringen. In diesem Fall konnte man lernen, wie eine Gruppe von Menschen, weil sie aufeinander angewiesen sind, ohne jede religiöse oder staatliche Anleitung eine Ethik entwickeln und praktizieren, die uns neidisch machen könnte. Wenn die Nahrungsvorräte knapp werden, hungern alle gleichermaßen. Und wenn zwei Männer Streit miteinander haben, wird der entweder in einem rituellen Boxkampf ausgetragen oder in einem Austausch von Spottliedern, bis einer der beiden ermüdet.

8. April 1975

Ein warmes Nest

Du siehst auf dem Boden ein Bündel Mensch liegen, eins von vielen, ein Häuflein Haut und Knochen, und du hast – vom Fernsehen gesättigt – mit seinem Leben schon abgeschlossen, es ad acta gelegt. Und dann lebt dieses Wesen noch, atmet, schlägt die Augen auf, sieht dich an – und jetzt erst packt dich das Grauen! So geschehen vor ein paar Tagen, als die Nachrichten in Farbe die Leiber von ein paar verstümmelten Menschen in den Straßen von Pnom Penh zeigten, und so auch in dem Filmbericht von Klaus Ullrich und Orik Breckoff über den Widerstand, den politische Häftlinge im Konzentrationslager Buchenwald gegen ihre Peiniger und das ganze System, das diese hervorgebracht hatte, organisierten.

Für die SS-Leute, die dort ihren Dienst zu verrichten hatten, war Buchenwald „ein warmes Nest", meinte Willi Bleicher, einer der Organisatoren jener ausgemergelten Kampftrupps, die, als die amerikanischen Panzer am 11. April 1945 angerollt kamen, das Lager und was von Himmlers Helden noch zurückgeblieben war, fest in den schwachen Händen hielten. Zwei Umstände waren es, die diese Männer befähigten, selbst noch in dieser Hölle den Kampf gegen die Unmenschlichkeit des Faschismus aufzunehmen: ihr unbestechliches Wissen um geschichtliche Zusammenhänge, das ihnen das Wesen und die Vergänglichkeit der braunen Diktatur zu verstehen half; und die Anwesenheit eines Kindes, eines kleinen Jungen, dessen Leben zu retten sie sich verpflichtet fühlten. Bruno Apitz hat darüber ausführlich in „Nackt unter Wölfen" geschrieben.

Im allgemeinen bin ich gegen diese Horror-Reminiszenzen, weil sie üblicherweise den faschistischen Terror mit Mitteln der Metaphysik und der Psychologie des Bösen deuten. Aber diesmal nicht, so daß über den Schrecken die Belehrung erfolgen konnte. Und es ist wichtig und mag noch nützlich werden, sich darüber klar zu sein, daß es keine nationale, in diesem Fall also deutsche Eigenart ist, in Zeiten der Machtunsicherheit den Faschismus zum Gesetz zu erheben, sondern daß es die zwangsläufige Folge eines gesellschaftlichen Systems ist, das von der Unterdrückung und Knechtung der Menschen lebt.

9. April 1975

Prost, Prost, Prösterchen

Aus frühester Kindheit erinnere ich mich der etwas schnarrenden, sich in der Erregung überschlagenden Prophetenstimme eines Mannes, der unter dem Titel „Reklamefahrt zur Hölle" eine Annonce der Baseler Nachrichten aus dem Jahre 1921 einer erschreckten Zuhörerschaft vorliest und kommentiert: „Schlachtfelder-Rundfahrt im Auto". Sein Vortrag endete im folgenden verzweifelten Aufschrei: „Sie bekommen unvergeßliche Eindrücke von einer Welt, in der es keinen Quadratzentimeter Oberfläche gibt, der nicht von Granaten und Inseraten durchwühlt wäre. Und wenn Sie dann noch nicht erkannt haben, daß Sie durch Ihre Geburt in eine Mördergrube geraten sind und daß eine Menschheit, die noch das Blut schändet, das sie vergossen hat, durch und durch aus Schufterei zusammengesetzt ist und daß es vor ihr kein Entrinnen gibt und gegen sie keine Hilfe; wenn sie das dann noch nicht erkannt haben, dann hol' Sie der Teufel nach einem Schlachtfeld par excellence."

Klaus Möller mag gedacht haben, daß er in den Fußstapfen von Karl Kraus folgte, als er im Auftrag des ZDF eine Reisegesellschaft nach Verdun mit seiner Kamera begleitete. Aber das einzige, was er, sehr eindringlich allerdings, zuwege brachte, war eine Denunziation jener, die dem Geschäft mit den Toten des ersten Weltkrieges auf den Leim gegangen waren. Überwiegend ältere Leute, aber auch ein junges Brautpaar, das sich jedesmal ereifert, wenn die Gesellschaft zu martialisch wird. Eine Bombenstimmung im Reisebus. Fröhliche Lieder, mit Musik vom Tonband: „Prost, Prost, Prösterchen", „Das ist der neueste Tanz", „Weit ist der Weg zurück ins Heimatland, so weit, so weit..." Aber auch „In deiner kühlen Erde ruht / so manches tapfere Soldatenblut". Ein paar wenige Augenblicke der Besinnung, eine alte Frau, die weint.

Der Film war exzellent gemacht, aber grausam und im Kern ungerecht. Denn nicht jene, die sich von den Beinhäusern in Verdun oder Clermont erschüttern lassen und danach im Café de la Paix darüber streiten, ob nicht eine Sichelbewegung der deutschen Armee einem Frontalangriff vorzuziehen gewesen wäre, verdienen es, so schonungslos bloßgestellt zu werden, sondern alle die, die in ihnen die Lust zu diesem makabren Vergnügen geweckt und einer Gesinnung Vorschub geleistet hatten, die es den meisten möglich macht, sich mit ein paar Gemeinplätzen der eigenen Verantwortung zu entziehen und auf dem Boden, auf dem über anderthalb Millionen Menschen für nichts und wieder nichts sterben mußten, ein Tänzchen zu wagen.

10. April 1975

Gift im Eis

In Düsseldorf und Umgebung möchte ich nicht ermordet werden. Dort hat die Mordkommission nämlich laut Henry Kolarz, dem Autor der neuesten „Tatort"-Folge, merkwürdige und, Gott sei's geklagt, langwierige Methoden zur Aufklärung von Kapitalverbrechen entwickelt. Hätten die jungen Leutchen auf Sylt der geschiedenen Frau von Kommissar Haferkamp nicht eine in einem Eiswürfel eingeschlossene Perle ins Whiskeyglas gegeben, um sie den Verführungskünsten eines gewissen Nino gefügiger zu machen, wer weiß, ob ich noch die zweite Hälfte von Schnitzlers „Literatur" im ZDF zu sehen bekommen hätte.

Und das wäre schade gewesen. Denn die Idee, jemanden aus der Welt zu schaffen, indem man das Eis für seinen nächtlichen Trunk vergiftet, ist zwar nicht ohne, auch wenn, wie in diesem Fall, eine kleine Diebin mit nacktem Oberkörper dummerweise dran glauben muß, aber wenn es dann allen kriminologischen Kenntnissen zum Trotz so lange dauert, bis die Fabrikagentin geschnappt wird, sollte man sich im WDR doch auf herkömmlichere Arten der Menschenbeseitigung beschränken oder Hansjörg Felmy vom Kriminaldienst suspendieren und mit anderen Aufgaben betrauen.

Der Streit um die literarische Ausbeutung einer alten Liebe war also schon voll im Gange, als ich endlich umschalten konnte, jede versäumte Minute bdauernd. Denn hier war Geist und Witz am Werke gewesen, Schnitzlers halbseidene Freiheiten süffig zu servieren. Christine Ostermayer, Helmuth Lohner und Otto Schenk unter der Regie von Wolfgang Glück: ein Kleeblatt der amourösen Eitelkeiten. Wien vor dem Ersten Weltkrieg muß eine Champagnerstadt gewesen sein.

15. April 1975

Meer ohne Wasser

Wie oft hast du dir nicht schon vorgenommen, den Fernseher nie wieder einfach laufen zu lassen, sondern ihn nur nach Wahl ein- und sofort nach Ablauf des gewünschten Programms wieder auszuschalten. Doch dann ist es Zeit für die erste Nachrichtensendung, und man weiß nicht, was man an diesem Abend sonst anfangen soll, und bis zu dem Film, der vielleicht ganz amüsant sein könnte, sind es nur 45 Minuten, und der Brief, den zu schreiben du dir vorgenommen hast, hat bis morgen Zeit.

Aber es gibt – ganz selten! – Abende, wo sich die Sucht lohnt. Einen solchen bescherte uns die ARD, als sie Volker Schlöndorffs rätselhaft schönem Film „Georginas Gründe" nach einer Erzählung von Henry James einen Bericht von Dieter Gütt, „New York – die unregierbare Stadt", vorangehen und einen Film von Erica Reese über das „Meer ohne Wasser", die algerische Sahara, nachfolgen ließ.

Nicht nur, daß jede einzelne dieser drei Sendungen hervorragend fotografiert und mit Verstand montiert war; es bestand zwischen ihnen auch ein geistiger Zusammenhang. So lieferte Dieter Gütt mit seinem intelligenten Kommentar über die Schwierigkeiten der turbulenten Acht-Millionen-Stadt, in der, wie er sagte, der Profit die Planung erschlägt, das kaleidoskopische Gegenstück zu jener geheimnisvollen schönen New Yorkerin aus reicher Familie, dargestellt von Edith Clever, die einen armen Marineoffizier heiratet, ihm aber das Versprechen abnimmt, ihre Ehe geheimzuhalten und ihn Jahre später zwingt, auch weiterhin den Mund zu halten, als er erfährt, daß sie inzwischen Bigamie begangen hat.

Eine unergründliche und faszinierende Frau, eine Sphinx, die über das Leben anderer verfügt, ohne sich selbst eine Blöße zu geben. Und gerade so facettenreich, geheimnisvoll, unnahbar und gefährlich ist das Land zwischen Algier und Algades mit seinen wenigen ummauerten Ortschaften, den von Wind und Sand modellierten Bergskulpturen, den dunkelfarbigen Menschen, den bunten Gewändern, das Erica Reese und ihr Fernsehteam in einem Landrover durchqueren. Nach der Betonwüste der Stadt New York die unermeßliche Wüste Afrikas und dazwischen die Fata Morgana einer schimmernden Leidenschaft, die letztlich auch nur die Erosion des Herzens weitertreibt.

29. April 1975

Lustobjekt

Dem klugen Kommentar vor Sendung des Filmes „Gilda" im dritten Programm ist es zu verdanken, daß ich mir der psychologischen Kriegsführung bewußt wurde, die Hollywood in den Jahren nach dem Krieg gegen die Gemüter und – vor allem – die Gehirne jener jungen Burschen betrieb, die gerade ihre Uniformen wieder ausgezogen hatten.

Tatsächlich, der Star von „Gilda" und „Tod am Nachmittag", Rita Hayworth, hatte auch mein Herz höher schlagen lassen. Ihre Ehen mit Orson Welles und dem Ali Khan schienen Beweis genug für ihre Begehrtheit. Das Abenteuer „Krieg" durfte, frei von jeder Ideologie, im Bett fortgesetzt werden.

Und jetzt, dreißig Jahre später, denn der Film wurde schon 1945 gedreht, kommt eine junge Frau daher und erzählt uns nicht etwa, wie das sonst üblich und ärgerlich ist, was wir gleich sehen werden, sondern wie wir es uns ansehen sollen: nämlich als ein Musterbeispiel der Vermarktung der Frau als Objekt der Lust.

(...)

27. Mai 1975

Kontraste

Einen größeren, böseren Kontrast kann man sich kaum vorstellen als den zwischen dem Fernsehfilm zum „Jahr der Frau" im ersten und der sich damit überschneidenden Wiederholung des „Kleinen Fernsehspiels" „Ziegelbrenner" im zweiten Programm. Wären die beiden Filme nacheinander über denselben Kanal gelaufen, hätte sich der verantwortliche Programmdirektor mit Sicherheit dem Verdacht ausgesetzt, klassenkämpferische Agitation betreiben zu wollen.

Hier, in „Das Anhängsel" von Brian Phelan (Saarländischer Rundfunk), das Gala-Essen im luxuriösen Haus eines leitenden Angestellten zur Feier seiner Ernennung zum Europa-Manager eines amerikanischen Konzerns; da die Kinder eines kolumbianischen Ziegelbrenners am Rand von Bogotá, die alle, auch die Kleinsten, den ganzen Tag schuften müssen, um dem Vater zu helfen, sein Soll an selbstgeformten und selbstgebrannten Ziegeln zu erfüllen.

Hier, als Nebenfigur, der westdeutsche Manager desselben Konzerns, der noch nicht weiß, daß innerhalb des nächsten Jahres die bundesdeutsche Zweigstelle zugemacht und – wegen der dort gehorsameren und billigeren Arbeitskräfte – nach Spanien verlegt werden soll; dort Alfredo und seine Familie, die zusehen müssen, wie ein anhaltender Regen die Arbeit von Wochen zunichte macht. Der Deutschland-Manager, auch das weiß er noch nicht, wird eine gute Abfindung erhalten; der Ziegelbrenner, und der weiß es genau, wird von dem Pächter der Lehmgrube, in der er und die Seinen gehaust haben verjagt werden.

Hier Marianne Nentwich als die Frau des neugebackenen Europachefs, mit Sitz in Brüssel, im Bad, eine Zigarette zwischen den feingeschnittenen Lippen. Sie wird sich am Abend daneben benehmen, weil es sie ärgert, von dem amerikanischen Boß ihres Mannes nach ihren repräsentativen Qualitäten begutachtet zu werden, aber mit einem Sprung ins Hotelbett eben jenes Dollarfürsten die Karriere ihres Hans-Christian doch noch sichern. Dort die ausgemergelte, ihrer menschlichen Würde ganz und gar beraubte Frau des Ziegelbrenners, die mit ihren etwa vierzig Jahren wie eine Greisin aussieht.

Hier, als Beispiel für eine neue kostensparende Fernsprechmethode, das Rezept für ein Muschelgericht, daß einem das Wasser im Munde zusammenläuft; und da ein Kind, ein kleines Mädchen, das in der Erde nach Würmern stochert, bis einem der Bissen im Halse steckenbleibt.

Und schließlich, hier der Ärger, daß die Bezahlung für den kritischen Bericht über die Probleme der Reichen in etwa einem eher dürftigen Trinkgeld in jenen Kreisen gleichkommt; und da der Schrecken, daß die Beschreibung des Elends mehr Geld einbringt, als Alfredo und seine ganze Familie in einer Woche verdienen können.

Oh, deutsches Fernsehen, erstes und zweites Programm, du machst es deinen Zuschauern nicht leicht, froh zu sein.

6. Juni 1975

Heiterer Abend

Nach den Nachrichten, die meistens auch nicht gerade erheiternd sind, erscheint eine attraktive junge Frau auf dem Bildschirm, die uns wissen läßt, was sich das Fernsehen an diesem Abend alles an Schönem und Gutem für uns ausgedacht hat. Dann wirft sie uns ein bezauberndes Lächeln zu und wünscht „Gute Unterhaltung".

Es ist der blanke Hohn! Erst krampft sich einem das Herz zusammen, wenn man mit ansehen muß – im ZDF –, wie verklemmt und dämlich ein erwachsener Mann einen kleinen Jungen behandelt, den er aus einem Heim nach Hause genommen hat, um zu sehen, ob er als Adoptivsohn tauglich wäre. Dann fährt man vor Schrecken fast aus der Haut, wenn man Zeuge wird, wie in dem amerikanischen Film „Hauch des Bösen" (Bayerischer Rundfunk) ein etwa zehnjähriges Mädchen erst vergewaltigt und sieben Jahre später von der eigenen Mutter mit teuflischen Tricks in den Wahnsinn getrieben wird. Da die Mutter von Barbara Stanwyck dargestellt wird, die sich in der Zeit des inzwischen berüchtigten Senators McCarthy zusammen mit ihrem damaligen Mann Robert Taylor besonders eifrig als Denunziantin hervortat, traut man ihr natürlich auch jetzt jede Schlechtigkeit zu.

Ein paar KZ-Bilder im Dritten Programm jagen uns zurück zum ZDF zur Wiederholung von Rosa von Praunheims „Die Bettwurst". Die ersten zehn Minuten dieses Gezirpes von Luzi Kryn und Dietmar Krach mögen ja ganz komisch sein, aber je länger diese Parodie auf die „Abenteuer- und Liebesgeschichten der Hollywood-Filme" dauert, um so mehr drückt sie auf's Gemüt. Es ist eine Sache, Filmklischees ad absurdum führen zu wollen; es ist eine ganz andere, dies mit Laienspielern zu tun, die man dabei der Lächerlichkeit preisgibt.

Also zurück zur ARD, doch, oh Graus!, dort führt uns gerade Ralph Giordano in „Im Jahr der Folter" vor Augen, wie fürchterlich Menschen in 64 Ländern im Auftrag der Macht zugerichtet werden. Fazit: Der Mensch ist eine Bestie – wodurch sich diese Art von humanistisch gefärbter Dokumentation selber das Wasser abgräbt, denn wenn das stimmt, ist jeder Kampf und jeder Protest gegen Ungerechtigkeit und Brutalität sinnlos. Die letzte Einstellung dieses ergötzlichen Abends:

ein Mann mit Elektroden in den Ohren, der sich unter einem Stromstoß windet. Na denn, gute Nacht!

12. Juni 1975

Kein Applaus

Das menschliche Leben hängt – etwas grob gesagt – von vier Entschlüssen ab: tun oder lassen, zusehen oder wegsehen; und es wird von drei Empfindungen bestimmt: der Lust, dem Leiden und der Gleichgültigkeit. Selbstverständlich sind das keine voneinander getrennten Kategorien, sondern sie bedingen und durchdringen einander.

Von dieser Skala der Möglichkeiten lebt auch das Fernsehen, immer vorausgesetzt, es versteht es, die dritte der genannten Reaktionen, die Gleichgültigkeit, so wenig wie möglich zu provozieren.

Dieser kleine und zugegebenermaßen etwas grobschlächtige philosophische Diskurs deutet schon an, daß mich das „Fernsehspiel der Gegenwart" des ZDF, nämlich „Das Leben des schizophrenen Dichters Alexander März" von Heinar Kipphardt nicht so mitgenommen hat, wie es der Autor und sein Regisseur Vojtech Jasny vielleicht erwartet und gewünscht hätten. Der Grund liegt einmal darin, daß sich seelische Zustände, die von der Norm so weit abweichen, daß sie als krankhaft bezeichnet werden können, für jene, die davon nicht betroffen sind, kaum in plausible Bilder umsetzen lassen. Ein Mann, der sich selbst als Christus schminkt und nackt in eine Baumkrone stellt, mag dafür gute Gründe haben, uns werden sie nicht zu überzeugen vermögen.

Ein weiterer Grund aber, warum sich in meinem Fall Lust und Leiden so sehr die Waage hielten, bis sie einander gänzlich aufhoben und der Gleichgültigkeit Platz machten, war, daß ich zwar sehr wohl die schauspielerischen Leistungen von Ernst Jacobi und Susanne Schaefer zu würdigen wußte, aber, um mit Heine zu reden, das Pläsier nicht einsehen wollte, das mir die Betrachtung von abwegigen und meine Sensibilität verletzenden Handlungen einbringen sollte. Ohne triftigen Grund, ohne das Primat der Aufklärung oder Anklage sollte man uns schonender behandeln. Hier wurde beides – Aufklärung und Anklage – so behutsam dem reinen Voyeurismus untergeschoben, daß man Mühe hatte, sie ausfindig zu machen.

(...)

25. Juni 1975

Schreib oder stirb

Niemand hat mich je vor die in der Überschrift formulierte Wahl gestellt. (Aber auch nicht, gottlob, vor das Gegenteil davon.) Es müssen schon besondere Umstände walten, bevor man sich einen Verleger vorstellen kann, der einen seiner Autoren erschießen läßt, weil der sein jüngstes Opus einem anderen Verlag anvertrauen will.

Aber in der Reihe „Columbo" kann die Untat, die den schusseligen Inspektor mit dem einen Glasauge auf den Plan ruft, noch so absurd sein. Es kommt gar nicht darauf an. Im Gegenteil, man wird unruhig, wenn die Ausführung des Verbrechens zuviel Zeit in Anspruch nimmt; Zeit, in der man den kleinen Mann, der wieder einmal zu wenig geschlafen hat, wie geistesabwesend in dem Labyrinth herumtapst, aus dem er, wie wir schon wissen, am Ende augenblinzelnd herausstolpern wird, bereits bei der Arbeit beobachten könnte.

Darum ist diese Serie – dem Himmel sei Dank! – verhältnismäßig frei von jeder Art von Sentimentalität und bedarf nicht jener Exzesse von Grausamkeit, die andere Krimis so oft verunzieren. Das Grundmuster ist das von David und Goliath oder – auf erlesenerer Ebene – von Bobby Fischer gegen den Weltschachverband. Wie überhaupt die Fälle, die der listige kleine Mann mit dem permanenten Magenknurren zu lösen hat, mehr aus der Welt der Schachprobleme als aus der des Verbrechens zu kommen scheinen.

28. Juni 1975

Vater und Sohn

Man wird mir nicht verargen, wenn mich das Schicksal eines Mike Stone nicht gleichgültig läßt und dennoch – obgleich mein Programmheft durchblicken läßt, daß ihn diesmal ein Gangsterboß fertigmachen wollte – weiß ich nicht, ob der wackere Mike mit heiler Haut davonkam. Der Film „Damals im Sommer" (ARD) von Lamont Johnson ließ mich nicht los.

Dabei wollte ich mir diesen amerikanischen Film über die Reaktion eines 14jährigen Jungen auf die unvorbereitete Erkenntnis, daß sein Vater homosexuell veranlagt ist, zuerst gar nicht ansehen. Alles Vorurteile. Ich glaube nicht, daß ein Amerikaner fähig wäre, dieses Thema ohne Peinlichkeiten zu behandeln; und ich habe kein Vergnügen an der Bloßstellung Andersartiger, obwohl ich mir inzwischen nicht mehr sicher bin, ob meine diesbezügliche Abneigung nicht einer Art von Selbstzensur entspringt, um die Dämonen ruhen zu lassen, die wir in unserem Unterbewußtsein an die Kette gelegt zu haben glauben.

Es wäre wohl falsch zu behaupten, der Film hätte die Tiefen des Problemes ausgelotet: das des Mannes, dessen Freundeskreis sein Verhältnis zu dem jungen Gary zu akzeptieren scheint; das des Sohnes, der verzweifelt die Kabelbahn von San Franzisco rauf- und runterfährt, bis sich ein freundlicher Schaffner seiner annimmt; das der Ex-Ehefrau und nicht zuletzt das des Freundes selber. Aber er hat alle diese Komplexe offengelegt, und zwar mit so viel Zurückhaltung und gutem Geschmack und mit so vielen kleinen Lichtern auf menschliche Schwächen und Hilflosigkeiten, daß zum Schluß der Vater, der mit bebenden Lippen auf der Terrasse seines Hauses sitzt, weil der Sohn ohne letzten Gruß mit der Mutter wieder fortgefahren ist, unser aller Sympathie sicher sein kann.

29. Juni 1975

Wachstumsrezession

„Berichte, Analysen, Meinungen" will das politische Magazin des NDR „Panorama" vermitteln. Seit den Tagen des Peter Merseburger, das heißt, seit Gerhard Bott die Moderation übernommen hat, sind die Berichte unübersichtlicher, die Analysen unschärfer und die Meinungen skurriler geworden. Die Formulierungen sind dafür um so kecker. Hier Josef Dreckmann in einem Bericht über die mangelnde Bereitschaft der EWG-Länder, Portugal in der gegenwärtigen Situation zu helfen: „Premier Wilson, der beachtliche Krämertalente entwickelt, wenn es um Gemeinschaftsgelder für's eigene Land geht..."

Manchmal klappt's aber doch. Da war diesmal der Sprecher des niedersächsischen Innenministeriums mit seinem „Andererseits unsererseits", mit dem er seinem Interviewer klarzumachen versuchte, daß das Minsterium im Falle der Waldbrände um Gifhorn ohne die Zustimmung der zuständigen Landräte nichts tun könne, aber doch etwas getan habe, und zwar etwas, was „an Ort und Stelle vielleicht nicht so ersichtlich ist". Dann kam ein ziemlich gewagter Vergleich zwischen der Arbeitslosigkeit in der Bundesrepublik und dem Mangel an Arbeitskräften in der DDR, wobei der Ausspruch eines westdeutschen Arbeiters „besser hier gestempelt, als da gearbeitet" noch nachklingt. Bestätigung für diesen Wahlspruch erhielt der Mann von Charles Levinson, Generalsekretär der Internationale der Chemie-Arbeiter und, wie Gerhard Bott versicherte, von Beruf Nationalökonom und Verfasser mehrerer Bücher, insbesondere über die multinationalen Gesellschaften. Levinson meinte nämlich auf eine diesbezügliche Frage des unermüdlichen Bott, daß „die Arbeitslosen im Westen das Doppelte und Dreifache haben wie die Arbeitenden im Osten", also warum sollten sie hinübergehen wollen?

Außerdem sei die „technologische Unterentwicklung im Osten schuld daran, daß dort das Problem der Arbeitslosigkeit nicht gegeben sei. Eine Feststellung, die in Ländern wie der Türkei oder Spanien sicher auf Zustimmung stoßen wird. Überhaupt verstehe einer den Bott. Warum hat er sich so lange mit diesem merkwürdigen Gewerkschaftsführer unterhalten? Wegen seiner witzigen Euphemismen? Was wir heute erleben, ist eine „Wachstumsrezession", eine technologische Arbeitslosigkeit". Nicht fehlende, sondern im Gegenteil zu hohe Investitionen sind schuld daran, wenn so viele Leute stempeln gehen müssen. Ob das die Bundesregierung und unsere Wirtschaftsexperten auch wissen?

13. August 1975

Indianische Weisheit

Ausgerechnet die Menschen Afrikas und ihre Nachkommen in Amerika und ausgerechnet die Iren, ein Volk mit mehr Dichtern pro Kopf der Bevölkerung als irgendein anderes, sollen dümmer sein als zum Beispiel die Engländer, die Deutschen oder die Schweden. Zwei Professoren, einer in USA und einer in England, haben sich mit dieser Behauptung, die auf dem Primat der Erbanlage über dem Einfluß von Umwelt und Erziehung bei der Beurteilung der menschlichen Intelligenz beruht, einen zweifelhaften Namen gemacht.

Und ausgerechnet im NDR, wo man doch wissen müßte, daß Rassenvorurteile schon einmal in diesem Land einen verheerenden Wirrwarr mit grausigsten Folgen angerichtet haben, gibt man solchen auch wissenschaftlich sehr umstrittenen Ansichten in der Sendung „Bilder aus der Wissenschaft" breiten Raum.

Die Schwierigkeit fängt bei der Definition des Begriffs Intelligenz an. Allgemein wird er mit Lern- und Kombinationsfähigkeit gleichgesetzt, dazu kommen das Erinnerungsvermögen und die Fähigkeit zu abstrahieren. Jetzt schon weiß jeder Psychologe und Soziologe (was sie nicht immer wußten), daß diesbezügliche Tests auf die Lebensbedingungen der jeweiligen Testgruppen ausgerichtet sein müssen. Nur, wie macht man das? Wie kann ein weißer Professor in Amerika, der eine verhältnismäßig gesicherte Karriere hinter sich und eine ebenso gesicherte Zukunft vor sich hat und der ja zwangsläufig von den Verhältnissen in einem schwarzen Getto kaum eine Ahnung haben kann, einen Test für die Kinder in einem solchen Getto ausarbeiten?

Über die Krimiserie „Nakia, der Indianersheriff" habe ich mich schon einmal aufgeregt. Nicht ahnend, daß die Überlebenden jener geschundenen Völkerstämme, denen wir fälschlich den Namen Indianer gegeben haben, zum Ergötzen der Enkel jener, die sie geschunden haben, auch noch als Trottel dargestellt werden würden. „Eine indianische Weisheit besagt", teilt der alte Häuptling Nakia mit, „du wirst dich daran gewöhnen".

16. August 1975

Szene geschmissen

„Ich hab' die Szene geschmissen!" sagt George Dillon, Schauspieler und Dramatiker wie sein Autor, John Osborne, als sich Ruth, die Ex-Kommunistin, von ihm abwendet, gerade als sich beide in eine große Liebesszene hineinzusteigern schienen. Man soll einen Schriftsteller nicht für die Äußerungen seiner Figuren verantwortlich machen, aber vielleicht umgekehrt die Figuren für ihre Urheber?

Man sieht ja, was aus Osborne, dem einstigen „zornigen jungen Mann", geworden ist: ein erzkonservativer, Menschen verachtender Schreiber von Skandalkomödien, dem Helden seines einzigen Musicals, „The World of Paul Slickey", ähnlicher als ihm lieb sein kann. Und auch sein „George Dillon", noch vor „Blick zurück im Zorn" geschrieben, wenn auch erst später aufgeführt, läßt uns eine solche Entwicklung ahnen.

Nichts gegen die Fernsehfassung von Falk Harnack im ZDF. Joachim Bissmeier und Elfriede Irrall, er als der parasitische Schreiberling, der sich vom ersten lukrativen Angebot korrumpieren läßt, sie als desillusionierte Linke, die sechs Jahre lang einem anderen schreibenden Scharlatan aufgesessen war, sind so abgefeimt gut, einander herausfordernd und entlarvend, daß man sich für sie einen besseren, engagierteren Autor gewünscht hätte.

Und auch Georges spießerische Ersatzfamilie – Käthe Braun als Mrs. Elliott, die das angebliche Genie bemuttert, Werner Dahms, weißhaarig und verbiestert, und besonders die junge Susanne Uhlen als die jüngere Elliott-Tochter, die sich in George verliebt – gibt das kleinbürgerliche Milieu exakt wieder, in das sich George, trotz seiner Verachtung für sie alle, einnistet.

Doch zu welchem Ergebnis führt das Ganze? Wen, außer vielleicht Ruth – und sie verläßt das Haus! – hat Osborne mit etwas Wohlwollen, etwas Sympathie gezeichnet? Und wenn er sie alle verdammt, warum auf eine so unverbindliche, gefällige Weise? Wirklich, es fällt mir schwer, mich über diese gelungene Inszenierung zu freuen.

(...)

24. August 1975

Kulturkosten

Wollte sie die Anregungen des Kulturmagazins „Titel, Thesen, Temperamente" (HR) in die Tat umsetzen, müßte eine vierköpfige Familie im Monat 858 DM ausgeben. Das ermittelten Kurt Zimmermann und seine Mannschaft, darunter der Schriftsteller Peter Härtling, in der 150. Folge von „ttt" und ließen sich zur Feier dieses Jubiläums noch einiges andere und Gute einfallen.

Zum Beispiel die Frage, wie lange sich der revolutionäre Eifer einer Reihe von Intellektuellen gehalten habe, denen während der Studentenunruhen von 1968 zum erstenmal und oft mit verblüffenden Konsequenzen das rote Licht aufgegangen war. Wie es scheint, nicht sehr lange. „Die revolutionären Euphorien sind sehr rasch zusammengefallen", meinte Günter Grass, dem man allerdings kaum nachsagen kann, daß er je in Gefahr geriet, auch nur in der Nähe einer Barrikade gesehen zu werden.

Noch 1969 rief Pierre Boulez aus: „Sprengt die Opernhäuser in die Luft!", was man ja eigentlich weniger als eine revolutionäre Tat denn eine willkürliche und ganz blödsinnige Zerstörung von ein paar durchaus nützlichen Prachtbauten bezeichnen möchte. Will sagen, der revolutionäre Elan der meisten „linken" Intellektuellen, heißen sie nun Hans Magnus Enzensberger oder Hans Werner Henze, ist nur Ausdruck ihrer eigenen Frustration und hat mit jener radikalen gesellschaftlichen Umschichtung, die den Begriff Revolution verdient und die ihnen nicht unbedingt zum Vorteil gereichen würde, rein gar nichts zu tun.

(...)

4. Oktober 1975

Freche Frage

Wie kommt Martin Büttner dazu, in dem neu und nicht nach meinem Geschmack gestalteten Filmmagazin des ZDF, „Kino Kino", Hildegard Knef eine so impertinente Frage zu stellen? Unter dem Vorwand, die Meinung der Massenblätter und damit der Massenmedien wiederzugeben, forderte er sie nämlich auf, zu dem Vorwurf Stellung zu nehmen, sie würde alles tun, um zu Geld zu kommen. „Es gibt Leute", war Büttners perfide Eröffnung, „die sagen, jetzt hat sie sogar ihre Krankheiten kommerziell ausgeschlachtet, und jetzt dreht sie noch schnell einen Film, um auf dem Erfolg ihres Buches eine höhere Gage fordern zu können." Frau Knef, verblüfft und, wie zu vermuten ist, angewidert, antwortete, ein solcher Vorwurf würde doch nur auf den zurückfallen, der ihn macht. „Ich danke Ihnen, gnädige Frau", rief Büttner aus, „einen besseren Schluß zu dieser Sendung kann man sich nicht vorstellen." Oh doch, Büttner, kann man. Eine knallende Ohrfeige zum Beispiel.
(...)

5. Oktober 1975

Der Fall Derz

In dubio pro reo, heißt einer der Grundpfeiler des römischen Rechts: „Im Zweifel für den Angeklagten". Dieses Prinzip scheint in dem „Fall Derz", der in den Jahren 1952 bis 1955 die Berliner Öffentlichkeit in Atem hielt, gröblich verletzt worden zu sein. Seit zwei Jahren ist Dietrich Derz, der in zwei Prozessen für schuldig erklärt worden war, im März 1952 seinen Vater, den Arzt Dr. Wolfgang Derz und dessen Verlobte ermordet zu haben, aufgrund einer Begnadigung wieder frei.

Die filmische Rekonstruktion dieses Falles, „Im Zweifel gegen den Angeklagten?" (ZDF), war von jener Akribie, wie man sie sonst eher von englischen Dokumentarfilmen gewohnt ist. Man weiß nicht, was man mehr loben soll: die besonnene Art, mit der der echte Dietrich Derz seinen Fall vortrug, die Ruhe, mit der er den ehemaligen Staatsanwalt Dietrich Scheid über bestimmte zweifelhafte Punkte der Anklage befragte, oder die etwas kaltschnäuzige, aber absolut überzeugende Verkörperung des jungen Derz durch Claus Theo Gärtner?

Daß zwischen Dr. Derz, der eine bekannte Persönlichkeit im Bezirk Tiergarten war, und seinem Sohn keine große Liebe bestand, scheint ziemlich sicher. Auch daß der junge Derz ein rechter Hallodri gewesen sein muß, macht Georg Althammers Film klar. Aber er verdeutlicht auch, wie gefährlich es ist, jemanden nur aufgrund von Indizien die Schuld an einem Verbrechen anzulasten, zumal die Justiz ungern zugibt, daß ein Irrtum vorliegen könnte und ein Betroffener schon sehr viel Ausdauer und Glück haben muß, um eine Wiederaufnahme eines einmal abgeschlossenen Verfahrens durchzusetzen.

Dietrich Derz hat diese Ausdauer, aber es fehlte ihm bislang an Glück, obgleich heute kaum jemand daran zweifelt, daß eine neue richterliche Untersuchung den alten Schuldspruch aufheben müßte. Man fragt sich, wieviele andere Derze noch in den Gefängnissen hocken, die weder seine Intelligenz noch seine Beharrlichkeit besitzen, nicht aufzugeben.

19. Oktober 1975

Verkrüppelte Menschen

Mit einer Ernährungskrise fing das Leben auf unserem Planeten an, erklärte Hoimar von Ditfurth in der neuesten Folge der ZDF-Serie „Querschnitt" und führte zum Beweis das Augentierchen Euglena an, das er uns in 5000facher Vergrößerung vorstellte. Dieses einzellige Lebewesen hat nämlich die außerordentliche Gabe, je nach Nahrungslage Tier oder Pflanze zu sein. Am Fressen, am Jagen nach Beute, erkennt man das Tier, erläuterte dieser Dichter der Wissenschaft, während Pflanzen, die sich das Chlorophyll der Blau- oder Grünalgen angeeignet oder einverleibt haben, ihre Lebensenergie aus der Sonne selber beziehen können.

Der Nahrungsmangel, die Notwendigkeit, auf Beute zu gehen und sich orientieren zu müssen, hat schließlich zum Menschen, dem gewecktesten Kind der Natur, wie Thomas Mann ihn nannte, geführt. Ihm wird es vielleicht gelingen, er arbeitet schon daran, sich zum eigenen Nutzen die Fähigkeit der Pflanzen anzueignen, aus der Sonne selber die für den Menschen nötigen Lebenskräfte zu beziehen.

Spinnen wir den Gedanken noch etwas weiter. Wenn die Jagd nach Beute, sei es Nahrung, Ehre, gesellschaftliche Anerkennung, den Menschen charakterisiert, so folgert daraus, daß jene, die sich aus Gründen der Sicherheit einer festgefügten Ordnung unterwerfen, sich gleichzeitig eines Teils ihres Menschtums berauben.

Um zwei solche Menschen, Geschwister, geht es in dem wunderbaren französischen Fensehfilm „Josse" (ZDF), der 1974 mit dem Prix Italia ausgezeichnet wurde. Er war Berufssoldat, diente als Unteroffizier in Algerien; sie führte den Eltern das Haus, lebte vom Klavierunterricht und blieb „untadelig", weil sie sich den Moralbegriffen der Kleinstadt unterordnete.

Nach seiner Entlassung aus der Armee zieht Josse zu seiner inzwischen altjüngferlichen Schwester: er, ein fürchterlich verkorkster alter Spieß, dessen Hals noch nach dem Rhythmus von „Stillgestanden! – Rührt euch!" zuckt; sie eine fossile Jungfer, eine vertrocknete Betschwester.

Erst nach und nach erfaßt man, daß es sich hier um zwei tragische Figuren handelt, und zwar just in dem Augenblick, wo die militärische

Starre des Mannes von der schüchternen Zuneigung – aus der Entfernung – zu einem kleinen Jungen aufgebrochen wird.

Guy Jorré hat diese Erzählung von Marcel Aymé so langsam und behutsam ins Bild gebracht, so liebevoll aufgebaut, so vom Gang des Mannes, von den zusammengepreßten Lippen der Frau abgelesen, daß man zum Schluß um diese beiden fürchterlichen, weil verkrüppelten, Menschen bangt. Der tragische Schluß kann nicht ausbleiben; er kommt fast wie eine Erlösung.

22. Oktober 1975

Die Deutschen sind da!

Das war eine schwere Entscheidung: Erstes oder Drittes Programm? Das Filmporträt des Vorsitzenden der CSU, Franz Josef Strauß, von dem die Mannheimer Lerche, Joy Fleming, spät am Abend im Gespräch mit dem Talkmaster Hansjürgen Rosenbauer meinte, er sei eine „unheimlich lustige Natur", oder den deutsch-französischen Spielfilm vom Jahre 1931 „Kameradschaft" von G. W. Pabst?

Zwei Überlegungen gaben den Ausschlag: Einmal bedrückte mich die Vorstellung, ich müßte, dem Gebot der Ausgewogenheit folgend, bald auch die Filmporträts der übrigen Parteivorsitzenden über mich ergehen lassen; und dann Joy Flemings Urteil schon vorausahnend, war ich mir nicht schlüssig, auf welchem der beiden Wörter die Betonung zu liegen habe, auf „unheimlich" oder auf „lustig".

Kurz und gut, immer wieder mal zu dem gewichtigen und barocken Politiker hinschielend, der seinen Anhängern das Wort „Freiheit" so oft vor die Füße wirft, als wäre es federleicht, ließ ich mich dann doch von dem Pabst-Film einfangen, jener ebenso einfachen wie bewegenden Fabel der Menschlichkeit, wo deutsche Bergarbeiter ihren französischen Kameraden zu Hilfe eilen, die im benachbarten Bergwerk auf der anderen Seite der Grenze verschüttet sind.

„Die Deutschen sind da! Ist das denn möglich?" ruft eine der französischen Frauen aus, die um ihren eigenen Mann bangt, als die zwei Lastwagen mit den deutschen Rettungsmannschaften angerollt kommen. So leicht und so überzeugend kann der Beweis erbracht werden, daß die Grenzen, die hier die deutschen und französischen Kumpels voneinander trennen, bis tief unter der Erde künstliche Gebilde sind, die ihren eigenen Interessen nicht dienen.

Aber Pabst, dessen Film nach 1933 in Deutschland nicht mehr gezeigt werden konnte und nach 1945 immer wieder in Sondervorstellungen auftauchte, wovon die Redakteure des „Film-Clubs" im Dritten Programm keine Kenntnis zu haben scheinen, denn sie behaupteten, der Film sei hierzulande gänzlich unbekannt, wußte um die schwache Hoffnung der Brüderlichkeit. Der Film endet mit der Wiederherstellung der Grenzen, auch unter der Erde, wo das Gitter wieder einbetoniert wird, das den deutschen vom französischen Schacht trennt, denn, wie einer der Beamten, der den Vorgang feierlich protokolliert und abstempelt, bemerkt: „Ordnung muß sein!"

24. Oktober 1975

Öffentliche Dienste

Erst waren 15 dafür und 10 dagegen, daß zur Entlastung des Staates mehr öffentliche Dienste der privaten Wirtschaft überlassen werden sollten; am Ende von „Pro und Contra" (SDR) hatten die Befürworter von „Weniger Staat, mehr Privatinitiative" noch eine Stimme dazugewonnen.

Dabei wird in der heute oft hektisch geführten Diskussion häufig übersehen, daß fast alle öffentlichen Dienste, von der Post bis zur Wasserversorgung und von der Straßenreinigung bis zum Krankenhaus, als privatwirtschaftliche Unternehmungen anfingen und vom Staat übernommen werden mußten, als sie bankrott zu gehen drohten. Es ist ja geradezu das Schicksal der öffentlichen Hand, dort einspringen zu müssen, wo die Wirtschaft versagt.

Das ZDF präsentierte uns am Ende des Abends einen quälenden Film aus England. „Im Schweiße ihres Angesichts" vom Mike Leigh. Nichts wurde gezeigt als die Trostlosigkeit, in der ein großer Prozentsatz der Menschen in einer entwicklungsfähigen Industriegesellschaft leben muß. Die abgehärmte Frau und Mutter, die den ganzen Tag schuften muß, entweder in ihrem eigenen fürchterlichen Zuhause oder bei Leuten, die sich eine Haushilfe leisten können. Der Mann, der in der Kneipe die Vorzüge des Ehelebens preist, aber dann in den eigenen vier Wänden seine Frustration an der Frau abreagiert. Die ständigen Aggressionen zwischen den Generationen. Die absolute Hilflosigkeit dieser Menschen. Man konnte sich dieses Elend, dieses jeden Frohsinn entbehrende Einerlei kaum mitansehen.

25. Oktober 1975

Wie zwei Kinder

Alles hat Seele, bestätigt Thomas Mann in seinem „Lob der Vergänglichkeit". Also auch die Technik, die Sendeanlagen, die Stromaggregate, die Richtfunkantennen. Selten ist mir das so bewußt geworden wie in dem Augenblick, als mitten in einer besonders peinlichen Szene des Michael-Curtiz-Films „Solange ein Herz schlägt" das Bild ausfiel. Und als ich dann, erleichtert über diesen Seelenbeweis, den ZDF-Kommissar einschaltete und auch dort eine – leider nur sehr kurze – Unterbrechung erleben durfte, stand für mich fest: zuviel Quatsch dürfen uns die Programmdirektoren nicht zumuten, sonst streikt die Technik.

Es bedurfte also gar nicht der Ansagerin, die sich danach für den Bildausfall entschuldigte. Vielmehr wäre der Einfall einen Ausdruck des Bedauerns wert gewesen, uns zur besten Sendezeit im Ersten Programm einen Schmachtstreifen über enttäuschte Mutterliebe vorzusetzen, während gleichzeitig im Zweiten Erik Ode dem Mörder eines Playboys nachtigert, von dem seine attraktive Haushälterin (Barbara Rütting) nur zu berichten weiß, er sei hilflos wie ein Kind gewesen.

Aber auch das Mädchen, das aus verschmähter Liebe Selbstmord begeht, was dem ganzen Drama erst auf die Sprünge hilft, war „wie ein Kind". Das überrascht mich nicht. Der Normalbürger kann sich kaum eine Vorstellung davon machen, wieviel scheue und empfindsame Menschen in jenen Kreisen zu finden sind, die man, ihre Kindlichkeit völlig mißdeutend, den Jet-Set zu nennen pflegt.

Ganz anders verhält es sich – um noch einmal auf die schöne Mildred Pierce, alias Joan Crawford, zurückzukommen, deren Schicksal Michael Curtiz 1945 auf Zelluloid bannte – mit den Kindern von außerordentlich tüchtigen und opferbereiten Frauen, die als Kellnerinnen arbeiten, zu Hause zum Verkauf Kuchen backen und dann selber ein Restaurant aufmachen, nur um ihren Lieblingen jede Chance zu geben. Solche Kinder, besonders Mädchen, die Veda (Ann Blyth) heißen, werden zu eitlen, geldgierigen Ungeheuern, die ihren Müttern auch noch den zweiten Ehemann ausspannen, ihn dann umbringen und hoffen, Mamachen wird es schon richten. Es würde nicht wundernehmen, wenn an diesem Abend auch noch ein paar Bildröhren durchgebrannt sind.

26. Oktober 1975

Abriß

Die Bewohner eines Hauses, das für den Abriß freigegeben worden ist, müssen ihre Wohnungen räumen. Dies nahm der ungarische Regisseur Istvan Szabo zum Anlaß, das Schickal dieser Menschen kaleidoskopartig vorzuführen in dem Film „Feuerwehrgasse Nr. 25" (ZDF), dem bei den Filmfestspielen in Locarno vor einem Jahr der „Goldene Leopard" verliehen wurde.

Aber ein Kaleidoskop, jenes Spiegelspielzeug, das aus einer Mischung von Zufall und Willkür die verblüffendsten Farb- und Formkombinationen ergibt, ist nicht unbedingt das beste Instrument, um uns menschliches Schicksal begreiflich zu machen. Was in Szabos Film da alles zusammenwirbelt, wie sich die Zeitebenen verschieben, wie da plötzlich ein Gesicht auftaucht und wieder verlischt, das ist zweifellos faszinierend und verwirrend zugleich.

Wohl spielt sich für die meisten Menschen das Leben so ab: sinnlos, Kräften und Zwängen ausgesetzt, die man nicht durchschaut, so daß die Angst zum bestimmenden Element allen Seins wird. Da ist die Frau mit der Gabe der Seherin, die sich an niemanden bindet, weil sie immer schon das schreckliche Ende vorausahnt. Da ist jene andere, die in Zeiten der Bedrängnis Menschen in Gefahr Unterschlupf gewährte. Da sind die Mitläufer, die Opportunisten, die im Nachhinein eine Unterschrift brauchen zur Bestätigung ihrer verkümmerten Menschlichkeit.

Tod und Liebe, an den Dingen hängen und den Dingen entsagen. Das Chaos der Geschichte, das uns zum Spielball des Zufalls werden läßt. Das alles zeigt Szabo, darum wehre ich mich gegen ihn, weil ich mir meine eigenen Entscheidungen nicht nehmen lassen möchte. Es ist erstaunlich, daß dieser Film im kommunistischen Ungarn entstanden ist, wo man doch dem blinden Schicksal abgeschworen haben sollte.

29. Oktober 1975

Anekdote

„Tante Jolesch oder der Untergang des Abendlandes in Anekdoten" heißt das neue Buch von Friedrich Torberg, einem der letzten Zeugen jener deutsch-jüdischen Geistigkeit, die in den zwanziger und frühen dreißiger Jahren das Städtedreieck Prag – Wien – Berlin zu einer kulturellen Hochburg werden ließ. „Sprachverantwortung" nannte er das Spezifikum der jüdischen Schriftsteller deutscher Sprache und meinte damit die fast religiös anmutende Verehrung vor dem Wort, die dem „Volk des Buches" zur Tradition geworden ist.

Es ist nicht wahrscheinlich, daß er in seinem gemieteten Häuschen in Altaussee das ganze Abendprogramm der ARD empfangen konnte, dem der Saarländische Rundfunk unter dem Etikett „Lebensgeschichte als Zeitgeschichte" sein von Hans Emmerling erstelltes Filmporträt beisteuerte. Sollte er sich aber zufälligerweise gerade in der Bundesrepublik aufgehalten und es doch gesehen haben, dürfte ihm das Erlebnis eine neue Anekdote beschert haben, die die These vom „Untergang des Abendlandes" auf ziemlich schauerliche Weise belegt.

Welcher Geistesmörder und Wertzerstörer war dafür verantwortlich, daß vor dem biographischen Abriß eines Menschen von Geist ein so durch und durch geschmackloser, ja widerwärtiger Film gezeigt wurde wie „Der Vamp" mit der beklagenswerten Shelley Winters als verblühte Filmdiva? Wie kann die ernsthafte, wenn auch satirisch gefärbte Beschäftigung eines Menschen mit der Gegenwart und Vergangenheit unserer Zivilisation zur Nachahmung anregen, wenn sie schon vorher durch eine so abgefeimte Karikatur einer älteren Leinwandschönheit ad absurdum geführt wird, die auf die dümmste und plumpeste Weise einen jungen Mann zu verführen trachtet?

Mögen die Programmplaner das mit ihrem Gewissen ausmachen. Der Gedanke, der quält, ist, warum hat sich Shelley Winters, diese begabte Schauspielerin, für diese Niedertracht hergegeben?

30. Oktober 1975

Anstöße

Mit Anstößen ist das so: wenn jemand einen Anstoß gibt, muß er gewärtig sein, daß jemand anderer daran Anstoß nimmt. Das gilt für das Grips-Theater ebenso wie für die Kulturredaktion des WDR, die jetzt „Die Leute mit Grips" in der ersten Folge einer sechsteiligen Reihe zum Thema „Kultur im Alltag" unter dem Sammelbegriff „Anstöße" vorgestellt hat. Kein anderes deutsches Hauptwort symbolisiert so treffend die zwei Seelen in der Brust des Spießers, keines versteht es so meisterhaft, die ursprünglich positive Aussage im Eigenschaftswort zu negativieren. Anstoß – anstößig.

Überhaupt – an diesem Abend hatte die ARD so etwas wie eine geistige Sauna in petto: Schwitzbad – kalte Dusche – Schwitzbad. Um uns die Gefahr von links schnell wieder vergessen zu lassen, der unsere Kinder ausgesetzt sind, die von Volker Ludwig und seinen Mitstreitern dazu aufgefordert werden, ihren Grips zu gebrauchen, jagte der Bayerische Rundfunk schnell ein Porträt von Liberace hinterher, einem Mann „von so exzessiver und exzentrischer Geschmacklosigkeit", wie ich schon vor über einem Jahr zu berichten wußte, „daß man dem Phänomen seiner großen internationalen Erfolge in den fünfziger Jahren mit bewundernder und verzweifelnder Ratlosigkeit gegenübersteht". Schön, daß ich mich schon selber zitieren kann. Das erleichtert die Arbeit.

Die letzte Abreibung verpaßte uns wieder der WDR, mit der zweiten Folge der Serie „Ohne Zukunft lebt sich's schlecht", in der Ralph Giordano über den inzwischen auch anstößigen Kinderreichtum in einem javanischen Dorf berichtete. Das heißt, anstößig fand ich eigentlich nur die Bemerkung, daß es dort „einen erschreckenden Überschuß an lebend Geborenen gäbe". Die Sorgen der Reichen um die Sorgen der Armen haben immer etwas von der naiven Dummheit der Marie-Antoinette an sich, deren Antwort auf den Hunger ihrer Untertanen in die Geschichte eingegangen ist: „Sollen sie doch Kuchen essen!"

31. Oktober 1975

Käferperspektive

Kafka – das ist die zur Sprache verdichtete Angst des Kleinbürges, dem sein Gott abhanden gekommen ist. Vor der Ohnmacht des einzelnen steht das Geheimnis der Macht. Der unergründlichen, allumfassenden, sich scheinbar jeder rationalen Deutung entziehenden Macht des Apparates.

Jan Němec hat Kafkas „Die Verwandlung" im ZDF zum Vorwand eines exzellenten Fernsehspiels genommen und dabei auf raffinierte Weise den Spieß umgedreht. Neben der Käferperspektive, die Kafkas Anliegen ist, hat er die Angst des Kleinbürgers vor der Ohnmacht aufgezeigt, die Ratlosigkeit der Eltern und der Schwester vor der Wehrlosigkeit des armen Gregor, der über Nacht zu einem Käfer geworden ist.

Das ist nun tatsächlich beängstigend und gibt auf vielfach verschlüsselte Weise Auskunft über die überaus dünne Folie der Zivilisation, unter der das Herz einer verängstigten und verunsicherten Kreatur zittert. Die Putzfrau, die auf der Kiste hockte, in die sie den toten Gregor hineingezwängt hat und befreit lacht, der Vater, den die Verscheuchung des Rieseninsekts erotisiert; die Schwester, die noch am wenigsten befangen mit dem so sehr veränderten Bruder umgeht, das alles sind ziselierte Porträts von Menschen, die sich nur vor der Hysterie retten, indem sie sich an die ihnen vertraute Routine klammern.

Solange Kafka uns noch etwas sagen muß und solange Jan Němec ihn so überzeugend in eine Bildsprache umzusetzen vermag, steht es um die Sache der menschlichen Vernunft schlecht.

1. November 1975

Höllische Dialoge

„Don Juan in der Hölle", ZDF, 3. 11.
Der tragische Zufall, daß der italienische Filmregisseur Pier Paolo Pasolini auf den Tag genau 25 Jahre nach dem Tode des irischen Dramatikers George Bernhard Shaw ermordet aufgefunden wurde, brachte mit sich, daß das ZDF den Iren mit einer Fernsehinszenierung seines höchst amüsanten Zwischenspiels, „Don Juan in der Hölle", aus der Komödie „Mensch und Übermensch" ehrte, während die ARD zu später Stunde Pasolinis Mysterium-Film „Teorema" ausstrahlte.

Shaw hätte an dem ungeplanten Nebeneinander seine Freude gehabt; denn nichts erscheint dem Rationalisten komischer als die Bemühungen des Mystikers, die Welt mit Hilfe von Zeichen und Wundern zu deuten.

„Die Natur ist eine Kupplerin", erklärt Shaw in der Gestalt des Don Juan, der den Himmel des ewigen Strebens der Hölle des ewigen Vergnügens vorzieht; „die Zeit ist ein Zerstörer, der Tod ein Mörder". Für Pasolini, der sich aus einer Mischung von religiöser Verehrung und Sex in jeder Form das Heil versprach, wäre das eine Häresie gewesen. Dabei hatten die zwei einiges gemeinsam. Den Hintergrund einer katholischen Landschaft, deren Moralgesetze sie verwarfen; eine soziale, um nicht zu sagen revolutionäre Gesinnung.

Aber wie durchsichtig, ja heiter, war der irische Spötter im Vergleich zu dem italienischen Fanatiker gewesen. Und wie klar und einleuchtend hatte Ludwig Cremer seine höllischen Dialoge in das Verhältnis der Geschlechter zueinander in einer bizarren Landschaft des Todes arrangiert.

Und während in Pasolinis Film das Hausmädchen nach ihrem mystischen Erlebnis über den Dächern schwebte, zog Martin Benrath als Don Juan aus der Hölle, um sich den Ausschweifungen zu entziehen, die man ihm auf Erden angelastet hatte.

7. November 1975

Aus Senegal

„Mittellos in West-Berlin, lernt ein Senegalese ein deutsches Filmemacher-Ehepaar kennen. Damit beginnt die Geschichte einer privaten ‚Entwicklungshilfe'." Soweit meine Programmzeitschrift über den ersten Teil des Films von Andreas Kettelhack und Jean François Le Moign im Dritten Programm: „Wenn mir die Weißen begegnen". Aber es wird nicht gesagt, wer nun wen zu entwickeln trachtet.

Der Film selber machte es deutlich: es sind die Deutschen, die von dem Afrikaner Wichtiges zu lernen haben, und man muß ihnen lobend bescheinigen, daß sie sich dessen auch bewußt zu werden scheinen. Sie hatten ihn – ursprünglich nur für ein paar Tage – bei sich aufgenommen, von vornherein mit dem Vorbehalt, daß ihm nicht die Privilegien eines Familienmitgliedes zuständen, auch wenn sie ihm gelegentlich etwas zu essen gaben. Er hielt sich nicht daran. Denn er war es von seinem Heimatdorf gewohnt, die Gastfreundschaft als eine allumfassende Verpflichtung zu betrachten, bei der man sich nicht für jeden Bissen Brot und für jede Zigarette bedanken muß.

Ganz unaufdringlich macht diese nachgestellte Dokumentation uns klar, nicht wie unterentwickelt die Landbevölkerung von Senegal noch ist, sondern welche falsche, menschenfeindliche Entwicklung wir in Europa genommen haben. Es ist bedauerlich, daß der zweite Teil erst in zwei Wochen ausgestrahlt werden soll. Denn eine so große Pause kann eine so einfache Lektion kaum verkraften.

(...)

3. Dezember 1975

Traurige Bilanz

„Die Tragik der anderen ist nur Statistik", hieß es in „Warum sie nicht nach Hause kamen", einem Bericht von Karl Wiehn über Kinderunfälle im Straßenverkehr (WDR). Diese Statistik sieht so aus: Alle vier Stunden stirbt ein Kind auf den Straßen der Bundesrepublik einschließlich West-Berlins; alle acht Minuten wird ein Kind verletzt. Mehr als doppelt soviele wie in Frankreich oder Italien.

Einen Grund für diese traurige Bilanz sehe ich darin, daß, wenn sich das Fernsehen dieses Problems einmal dankenswerterweise annimmt, es plötzlich soviel Dezenz und Zurückhaltung an den Tag legt, wie sonst in keinem Krimi und auch in keiner wissenschaftlichen Sendung. Im Gegenteil, es werden noch Trostpflästerchen verabreicht. Der Familie der Katrin Schreiber aus Hamburg, die von einem Pkw angefahren wurde und drei Monate im Krankenhaus mit schweren Verletzungen liegen mußte, brauchte für die medizinischen Reparaturen keinen Heller auszugeben. Die staatliche Versicherung übernahm alle Kosten.

Den Erwachsenen ins Gewissen zu reden, nützt meiner Meinung nach gar nichts, wenn man ihnen den Schrecken, den sie verbreiten, nicht wenigstens bildhaft macht. Eine Gesellschaft, die nicht mehr in der Lage ist, ihre Kinder zu schützen, hat das Recht verspielt, als zivilisiert betrachtet zu werden. Und eine Fernsehanstalt, die sich bei anderer Gelegenheit nicht scheut, dem inzwischen schon abgebrühten Zuschauer in allen Einzelheiten einen besonders scheußlichen Mord vorzuführen oder das Schlachten eines Kalbes, aber im Falle der kindlichen Opfer auf der Straße einen Psychologen heranzieht, der etwas von der instinktiven Angst eines Kindes in einem Wald faselt und nicht auf die Rücksichtslosigkeit und Verrohung der Erwachsenen eingeht, darf sich nicht wundern, wenn man diesen Beitrag als geradezu hanebüchen bezeichnet.

Da die Möglichkeit, daß eine kleine Gruppe von Terroristen oder selbst ein Einzelgänger selber Kernwaffen herstellen könnten, uns alle, also auch die Erwachsenen, angeht, war der Bericht im Dritten Programm „Atomwaffen im Eigenbau" viel gründlicher, überzeugender und erschreckender. Das ist die traurige Bilanz eines Fernsehabends.

5. Dezember 1975

Gehobene Trauer

Zwei gute Filme an einem Abend – ist das nicht etwas übertrieben? Wir sind in letzter Zeit von der ARD ja nicht gerade verwöhnt worden, und dann gleich zwei? Einer aus Amerika, einer aus England, und bei beiden ging es um die Auswirkungen eines Todesfalles in gutsituierten Familien.

„Sommerwünsche – Winterträume", der zweite Spielfilm des Amerikaners Gilbert Cates, fing an wie ein Roman von Henry James, bei dem man sich in die ersten 30 Seiten hineinlesen muß, bis der Funke überspringt. Sehr gut gemacht, war mein schnelles Urteil, aber so eine alte, überflüssige Welt, wo eine Frau sich „klein" vorkommt, weil nur ein Wagen zum Begräbnis ihrer Mutter fährt.

Doch das war es ja gar nicht. Vielmehr handelt der Film von einer Frau, glänzend porträtiert von Joanne Woodward, die nach 24 Jahren der Ehe mit einem offensichtlich erfolgreichen Augenarzt in eine Krise gerät, weil sie ihr Leben lang Wesentliches verdrängt und in ihr Unterbewußtsein abgelagert hat und jetzt von dem Gefühl gepeinigt wird, das Leben sei an ihr vorbeigangen. Ausgelöst oder zumindest ins Offene gebracht wird diese Krise durch den plötzlichen Tod ihrer Mutter, den sie zuerst, wie vieles andere, die homosexuellen Neigungen ihres Sohnes, zum Beispiel, in ihre Alptraumwelt verdrängt und versucht, sich an die romantischen Vorstellungen ihrer Jugend zu klammern. Der Film endet versöhnlich und dabei glaubwürdig durch die Erkenntnis – auf einer Europareise –, daß ihr Mann, dem sie sich immer entzogen hatte, nicht nur ein warmherziger und verständnisvoller Mensch ist (ebenbürtig dargestellt von Martin Balsam), sondern seine eigenen Probleme mit sich herumschleppt, deren sie jetzt zum erstenmal gewahr wird.

In „In tiefer Trauer", von Peter Nichols, ist es der Vater, der plötzlich zusammensackt und stirbt. Sein Tod löst bei den näheren Verwandten und der übrigen Sippe die üblichen Reaktionen aus: ein wenig Trauer, ein wenig Heuchelei, die etwas kribblige Atmosphäre eines öffentlichen Anlasses. Vor allem aber zeigt Regisseur Christopher Morahan sehr deutlich, wie die gesellschaftlichen Konventionen – die Reihenfolge der Trauergäste bei der Totenfeier, zum Beispiel – den Tod eines Menschen völlig zudecken, ihn gewissermaßen an die Kette legen, damit er uns nicht zu nahe komme. Es ist also nicht so sehr ein Film über „die Unaufrichtigkeit der Hinterbliebenen", wie in meinem Programmheft steht, sondern über die vielleicht notwendige Tabuisierung des Todes im Bürgertum mittels eines festgelegten Protokolls, dessen Ziel es ist, den Überlebenden die Aufgabe zu erleichtern, so schnell wie möglich zum gewöhnlichen Leben zurückzukehren.

7. Dezember 1975

Die große Illusion

Oh, ich wollte so die Nase rümpfen, mich über den MGM-Kitsch mokieren, den das ZDF als „Extra-Ausgabe" unter dem Titel „That's Entertainment – Das gibt's nie wieder" ausstrahlte, eine unheimlich gescheite Kritik schreiben über den Zusammenhang zwischen der Gigantomanie des amerikanischen Leinwand-Musicals und dem Untergang des Abendlandes, auf die Ähnlichkeit aufmerksam machen zwischen dem „großen Ziegfeld" und dem kleinen Goebbels, die beide ihre Puppen tanzen ließen.

Aber ich vermochte es nicht. Zwei Stunden lang saß ich wie gebannt vor dem Fernseher und ließ den Olymp der zwanziger, dreißiger, vierziger und frühen fünfziger Jahre unseres Jahrhunderts Revue passieren. Ich sah die Hölle vor lauter Sternen nicht. Kaum tauchte der junge Fred Astaire auf, dieses Wunder an Grazie und tänzerischer Heiterkeit, und es war um mich geschehen. Die große Illusion hatte mich wieder. Clark Gable, Judy Garland, Bing Crosby und Frank Sinatra, sie konnten mit mir machen, was MGM wollte.

Wir leben in einem verrückten Jahrhundert. Da tanzt einer im Regen, trällert ein Lied dazu, hüpft durch die Pfützen, und unsere Herzen öffnen sich wie Scheunentore, durch die die Ernte eingefahren werden soll. Alles andere ist vergessen. Die Hoffnung triumphiert. Der schöne Schein ist wertvoller als die bare Münze. Mehr fällt mir dazu nicht ein. Ein verrücktes Jahrhundert. Punkt.

9. Dezember 1975

Flammender Regen

Es stimmt froh, daß sich die auch heute noch ansehnliche „Gina Nazionale", auch „La Lolla" genannt, nämlich die exzellent gebaute Gina Lollobrigida, als Fotografin eine zweite Karriere geschaffen hat. Wer einmal in einem derart dämlichen und glatten Film mitwirken mußte wie „Die Strohpuppe" von Basil Dearden und noch für zwei Groschen Grips im Kopf hat, kann sich nicht der Gefahr einer weiteren Verblödung aussetzen. Anders liegt der Fall bei ihrem Gegenspieler, dem als James Bond zu zweifelhaftem Ruhm und unzweifelhaften Reichtum gekommenen Sean Connery. Hier hat sich eine schlanke Null verselbständigt zu einem Wahrzeichen des schlechten Geschmacks. Völlig unverständlich ist jedoch die Teilnahme an diesem konfektionierten Quatsch von Sir Ralph Richardson, der zur schauspielerischen Elite Englands gehört (ZDF).

Der Name des Dokumentarfilmers Peter Gatter war mir bis heute unbekannt, aber er verdient, daß man ihn sich merkt. Sein „Napalm – Porträt einer Waffe", so der Untertitel der WDR-Sendung „Der feurige, klebrige Tod", schöpfte die Möglichkeiten des Mediums voll aus: nüchtern, sachlich, Roß und Reiter beim Namen nennend. Nun bin ich mit Elias Canetti, der diese hoffnungsvolle Ansicht im Dritten Programm vertrat, einer Meinung, daß „der Mensch noch alles und ganz" werden wird. Was soviel bedeutet wie eine Welt ohne Napalm, ohne Splitter, Granaten, ohne Gift- und Atombomben. Man frage mich nicht, wie dieser selige Zustand erreicht werden könnte. Peter Gatter sagte es auch nicht: er hat eben die Möglichkeiten des Mediums voll ausgeschöpft.

10. Dezember 1975

Zu viel Zeit

Da arbeitet einer sein Leben lang, freut sich auf die Zeit, wo er nicht mehr zu arbeiten braucht, und dann ist es soweit und...? Genau so wie die meisten Menschen nicht für das Leben gerüstet sind, in eine Routine verfallen, sich dadurch gegen Unvorhergesehenes absichern, daß sie sich von vorneherein bescheiden, genau so sind sie für das Alter nicht vorbereitet, haben plötzlich zuviel Zeit zur Verfügung, können sich gegen die Bevormundung der Jüngeren nur schwer zur Wehr setzen. „Die Herausforderung", der erste Film einer dreiteiligen Serie, die der Südwestfunk (SWF) unter dem Titel „Rest des Lebens" dem Problem des Altwerdens gewidmet hat, war geradezu vorbildlich. Die bedrohliche Vereinsamung der Alten, weil der Tod den Freundeskreis lichtet. Dieses ewige „Ist doch viel zu anstrengend für dich", wenn man sich einmal nützlich machen will. Diese fürchterliche Vertraulichkeit der Jüngeren, die die Schutzlosen immer gleich mit „Opa" oder „Oma" ansprechen. Michael Verhoeven hat das Schicksal des alten Paul Sander und seiner Frau Lisa sehr genau nachgezeichnet, ohne dramatische Mätzchen, ohne Schwarz-Weiß-Färberei. Heidemarie Hatheyer und René Deltgen gaben ihren Rollen die Würde der Glaubhaftigkeit und machten deutlich, daß in unserer Zeit allein der Umstand, daß man alt ist, von den meisten davon noch nicht Betroffenen wie eine Art Krankheit angesehen wird. Es geht den Alten, wenn man genau hinsieht, nicht viel anders als den Jüngeren auch. Nur mit dem allerdings entscheidenden Unterschied, daß man im Alter der Reglementierung unseres Lebens durch die Zwänge eines verrückt gewordenen gesellschaftlichen Organismus, in dem die Kaufkraft den Wert der Persönlichkeit bestimmt, noch hilfloser ausgesetzt ist.

„Für alte Leute ist es schwierig", heißt es mehrere Male. Für junge Leute auch. Was fehlt, ist die Solidarität zwischen den Generationen, die dieses schwierige Leben etwas leichter machen könnte.

11. Dezember 1975

Männerangst

Komisch, wie da im Film „Al Capone" aus dem Jahre 1950 (ZDF) immer wieder ein Kommentator erklärt, daß das System der Verbrechersyndikate, welches Al Capone zur Perfektion gebracht haben soll, in den USA immer noch wirksam sei, und daß jener Supergangster mit Narben im Gesicht gewissermaßen als Urheber jener öffentlichen Korruption angesehen werden müsse, die bis heute zumindest einen Teil der amerikanischen Wirtschaft und Politik bestimmt. Ohne Al Capone und seine Bande von Killern, so der versteckte Trugschluß, wären die USA ein Musterbeispiel für Moral und Recht.

Auch eine gegenteilige Beurteilung hätte Berechtigung. Zuerst kamen die Sklavenmärkte, die Ausrottung der Indianer, die Kämpfe zwischen den verschiedenen Banksyndikaten um die fettesten Brocken in der Neuen Welt und bereiteten den Boden für das organisierte Verbrechen vor. Gerade weil sich Al Capone und „Lucky" Luciano und die anderen Mafiabosse den schon bestehenden wirtschaftlichen und politischen Begebenheiten anpaßten, waren sie so erfolgreich.

Im Dritten Programm ein Film über „Das Land des Yeti", das Traumland Nepal, übrigens ein Männerland par excellence, und anschließend im Ersten vom NDR die Frage „Ist das Ende der Männerherrschaft in Sicht?". Nun ist ein Mann, der sich gegen bestimmte Thesen der Frauenbewegung stellt, in der selben mißlichen Lage wie ein Nichtjude, der Einwände gegen den Zionismus hat: der eine wird als „Anti-Frau", der andere als Antisemit verschrien.

Daß immer mehr Frauen das Problem ihrer eigenen Diskriminierung auf den nicht mehr so schön lackierten Nägeln brennt, ist eine Tatsache, die diese Diskussion sehr deutlich machte und die jeden Mann, der sich um eine bessere, gerechtere Welt bemüht, nur freuen kann. Und glücklicherweise setzt sich bei immer mehr Frauen die Erkenntnis durch, daß der Schlüssel zu ihrer Befreiung die Solidarität zwischen den Geschlechtern sein muß.

12. Dezember 1975

Männerknie

„Warum machen Sie das?" fragt ein „Held der Arbeit" in dem DDR-Streifen „Der nackte Mann auf dem Sportplatz" (ARD) den Bildhauer, dem er Modell gesessen hat; „na klar, es macht Spaß, aber es macht doch Mühe, bestimmt sogar." In diesem „bestimmt sogar" liegt bereits die Verwandlung des Arbeiters vom distanzierten Skeptiker zum potentiellen Partner des Künstlers.

Denn Kunst ist in erster Linie Arbeit, und alles Gerede der Beflissenen, was geschehen müsse, um die Kunst zu demokratisieren, sie fürs Volk zu machen und unters Volk zu bringen, wird solange nichts fruchten, bis nicht die Schlosser und Bauarbeiter, die Frauen und Mädchen in den Textilfabriken und Kaufhäusern die Gewißheit erlangen, daß die Maler und Musiker, die Dichter und Schauspieler ihnen in bezug auf ihre Arbeitsleistung wenigstens ebenbürtig sind.

„Das ist ein Männerknie", erzählt der Bildhauer dem Brigadier, der ihn in seinem Atelier aufgesucht hat; „daraus mache ich einen Frauenrücken." Und weil der Mann ihm aus eigener Erfahrung diesen Respekt der Ebenbürtigkeit zollt, fängt er an, sich für seine Produkte zu interessieren.

Natürlich hat Konrad Wolf, einer der bekanntesten DEFA-Regisseure, ganz unaufdringlich viele Fragen über das Verhältnis von Kunst und Gesellschaft angeschnitten, die in der DDR besonders relevant sind. Ein Relief des Bildhauers (Kurt Böwe) landet lieblos und ungesehen in einem Feuerwehrturm, weil die Funktionäre aus dem Rat des Kreises den nötigen Schwung und Optimismus vermißten. Und manchmal hat er es sich etwas zu gönnerhaft leicht gemacht, so wenn Wolfgang Heinz in einer kurzen und peinlichen Szene als berühmter Künstler auftreten muß, um den versammelten Sportlern zu bestätigen: „Die Kunst braucht kein Feigenblatt."

Aber hier wie dort gilt es, das romantische Image des Künstlers als eines außergewöhnlichen nur irgendwelchen Idealen nachhängenden Menschen abzubauen und seine gesellschaftliche Funktion einleuchtend darzustellen. Und dies scheint in diesem Film in einem beachtlichen Maße und mit einigem Humor gelungen zu sein.

16. Dezember 1975

Disteldichter

Kupfer in Katanga (heute Shaba), Öl in Biafra und Carinda – die Leidensgeschichte der Völker Afrikas hört nicht auf. Überall hocken die Gewährs- und Gewehrleute der großen multinationalen Gesellschaften, der hochmodernen Geheimdienste. Die kaufen diesen, lassen jenen umlegen, liefern die Waffen und Soldaten für einen Kleinkrieg zwischen den Stämmen, während ihre politischen Repräsentanten das Wort Freiheit wie einen Kaugummi auf der Zunge rollen.

Und indem sie uns ein wenig teilhaben lassen am großen Geschäft, so daß es uns zwar nicht gut, aber doch besser geht als je zuvor, erkaufen sie sich gleichzeitig unsere Gleichgültigkeit gegenüber den Schrecken ihrer Raubzüge. Denn wie anders läßt es sich erklären, daß das Fernsehen sich nicht scheue, die Mechanismen solcher weltweiten Ausbeutung und Unterdrückung vor Augen zu führen? Letzte Woche das Geschäft mit Napalm im Ersten, diesmal „Der Kupferkrieg oder: Das Elend der Rohstoffländer" im Dritten Programm; eine Dokumentation von Luc Leysen über die Rolle der belgischen Union Miniaire in der Geschichte des heutigen Zaire, dessen Landesvater Mobutu, ein „Vertrauter des US-Geheimdienstes CIA", heute übrigens in Angola tüchtig mitmischt.

Das ist es, was mich immer wieder verwundert und entsetzt: die Seelenruhe, mit der man in der Bundesrepublik, in England und auch in den USA einem nach Millionen zählenden Publikum alle Einzelheiten der vielen Verschwörungen gegen Menschen und Menschlichkeit anschaulich machen kann, ohne Angst haben zu müssen, daß mit Ausnahme einer kleinen hilflosen und deswegen unberechenbaren gemeingefährlichen Schar von Anarchisten und anderen Terroristen irgendjemand auf den Gedanken käme, einen Sturm des Protestes auszulösen, der unsere Ordnung zumindest in Frage stellen würde.

Jemand, der gerade dies sein Leben lang getan hat, und er ist heute über 80 Jahre alt, ist der große Erneuerer der schottischen Dichtung, Mitbegründer der schottischen Nationalpartei, Hugh MacDiarmid, den Al Lauder – auch im Dritten Programm – als den Dichter der Distel, Schottlands Nationalemblem, vorstellte. MacDiarmid, ein Kommunist, der von der Königin von England eine (sehr bescheidene) Leibrente erhält; ein Dichter, in einem Atemzug zu nennen mit James Joyce und Pablo Neruda. Ich wollte, ich hätte diese Sendung machen dürfen.

18. Dezember 1975

Show-Business

In den fünfziger Jahren war es, da wurden Filme breiter, länger, bunter, aber nicht besser. Der amerikanische Himmel war blau wie die Augen von Charlton Heston, der bärtige Burl Ives sang die Balladen des großen weiten und weißen Westens, die überaus blonde Caroll Baker war gerade als „Babydoll" berühmt geworden, Gregory Peck wurde zu einem der drei oder vier Urtypen des freien und starken Amerikaners – für William Wyler mußte die Verlockung geradezu unwiderstehlich gewesen sein, aus all diesen Ingredienzien ein Filmepos von sheakespearischen Dimensionen zu drehen.

Was dabei herauskam, war der Schinken „Weites Land" (ARD), eine schier endlose Aneinanderreihung aller Klischees, mit denen Hollywood die Hirne der jungen Menschen in aller Welt vernebelte. Der einzige Vorzug des Filmes war Jean Simmons in der Rolle einer Lehrerin, die allerdings nie ihrem Beruf nachgeht, sondern nur dem stillen, starken Mann aus dem Osten der Vereinigten Staaten, Gregory Peck.

Etwa zur gleichen Zeit gingen die Lieder von Edith Piaf um die Welt, dem Spatzen von Paris. Sie war, wie auch Juliette Greco, eine Figur der Nachkriegszeit, klein, auf eine sehr einnehmende Weise häßlich, mit einer Stimme, die direkt ins Herz ging. Ihr Porträt von Michael Houldey „Ich bereue nichts..." im ZDF spannte so den Bogen von der Einsamkeit des schon lange nicht mehr Wilden Westens zur Einsamkeit der Hauptstadt des Existentialismus, der uns in einer schweren Zeit neuen Mut machte. Als die Piaf 1963 starb, wurde eine Epoche zu Grabe getragen. Von wie vielen Politikern und Generälen läßt sich so etwas behaupten?

21. Dezember 1975

Goldrausch

Knut Hamsun oder Jack London? Eine Liebesgeschichte unter den einfachen Menschen im Norden Norwegens oder Alaskas? Eine Entscheidung ist notwendig. Denn sich fast zur gleichen Zeit zwei aufwendige und anspruchsvolle Filmserien anzusehen, ist wie wenn man im selben Zeitraum mal nach Proust, mal nach James Joyce greifen wollte.

Aus vielerlei Gründen schien mir „Lockruf des Goldes" wichtiger denn „Benoni und Rosa" (NDR), der Amerikaner uns auch heute noch näher als der auch von mir verehrte Norweger, und vor allem vertraute ich auf Staudtes Können, die wahnwitzige Geschichte des „Klondike-Fiebers", so der Titel des ersten Teils, als eine zentrale Parabel unseres Jahrhunderts zu inszenieren. Und Staudte enttäuschte nicht. Er reduzierte die reißerischen Elemente des Stoffes auf ein Minimum, ließ die Kamera auf dem eindrucksvollen Gesicht des alten John Tarwater (Ferdy Mayne) ruhen, der noch als Siebzigjähriger ausgezogen war, um im hohen Norden das Gold „von den Graswurzeln zu schütteln", und dort schließlich nach den fürchterlichsten Strapazen als Eismumie endete.

Und gleich danach strahlte der WDR Günter Müggenburgs Bericht über die amerikanischen Gewerkschaften aus, „Ein größeres Stück vom Kuchen", fast eine Wiederholung von John Steinbecks „Früchte des Zorns", das Blut der mexikanischen Landarbeiter auf den Trauben von Südkaliforniens wie auf einem Plakat von heute anzusehen. Es hat sich nur wenig geändert. Das Fieber nach Glück und Sicherheit, Mord, Korruption und blinder Haß, hier der Versuch, die Ärmsten der Armen mühsam zu organisieren, da die großen Gewerkschaften, die Teamsters, das heißt die Transportarbeiter und die Gewerkschaft der Bergarbeiter, die selber wie große Unternehmungen aufgebaut sind und ihren Schnitt mit den Bossen aushandeln. Über acht Millionen Arbeitslose in den USA. Die Zeit ist nicht mehr fern für ein neues Klondike.

23. Dezember 1975

Blutiger Abend

Erst der blutige Rücken eines von den Picadores gequälten Stieres, dann der aus schlimmen Wunden blutende Körper eines jungen Mädchens, das von einem alten Mann in seiner ärmlichen Behausung gesund gepflegt wird. Das Dritte Programm fing mit den Insterburgs blödelnd an, zelebrierte sodann die „Neun Tage – acht Nächte" der Fiesta von Pamplona im Norden Spaniens, ließ danach Gert Fröbe sich in „Sternstunde", einem Film von Christian de Chalonge, schauspielerisch austoben und endete farb- und formfreudig mit dem zweiten Teil von Basil Taylors Geschichte der englischen Aquarellmalerei im 18. und 19. Jahrhundert. Ein blutiger, aber ein voller Abend.

Volksfeste von der Art, wie sie jeden Sommer in Pamplona gefeiert werden – der Karneval in Rio gehört dazu und sicher auch der in Köln oder Mainz – belegen auf teils rührende, teils abstoßende Weise, wie es um unsere Gattung bestellt ist, der irgendein Spaßvogel einmal den Namen „homo sapiens" gegeben hat. Der Mensch ist demnach ein phantasiebegabtes, verspieltes, von Ängsten gebeuteltes, daher abergläubisches und grausames Wesen. „Das letzte überlieferte Tieropfer" nannten die Autoren, Christopher Sommerkorn und Wolfgang Vogel, das Stierkampfritual, dem auch Ernest Hemingway mythische Bedeutung zusprach. Diese Seite des Menschen, das absolut Heidnische in ihm, läßt den Anspruch jener Idealisten als absurd erscheinen, die da meinen, daß der Appell an die menschliche Vernunft genügen würde, um die Welt zum Besseren zu verändern, und zwar schnell und radikal. Nichts gegen die Vernunft, im Gegenteil, aber gerade sie müßte uns doch davon überzeugen, wie langwierig und mühsam der Kampf um etwas mehr Menschlichkeit sein muß.

Hoffnungsvoller in dieser Hinsicht scheint ein anderer Aspekt des Menschen zu sein: der Zwang, eine Aufgabe zu haben, für andere sorgen zu dürfen, der Einsamkeit zu entkommen. Dies ist das Thema von „Sternstunde": ein merkwürdig sprachloser, aber gerade deshalb intensiver Film, der ein wenig an Charlie Chaplins „Lichter der Großstadt" erinnert, wo ein armer Teufel sich eines jungen blinden Mädchens annimmt und für die Operation aufkommt, die sie wieder sehend macht.

Wonach sie ihm, nicht wissend, daß es sich um ihren unbekannten Gönner handelt, ein Almosen gibt.

„Sternstunde" endete auf einer anderen tragikomischen Note. Gerade war Juliet Berto unter Gert Fröbes aufopfernder Pflege wieder genesen und hatte ihre Sprache zurückgewonnen, da wurde sie von ihm, verzweifelt über ihre Absicht, ihn zu verlassen, wieder schwer verletzt, damit sie weiterhin unter seiner Obhut bleibe. Wie oft, fragt man sich, soll das geschehen, bevor sie ihrem besorgten Kerkermeister entkommt?

25. Dezember 1975

Fragmente

Aus der Fülle der Programme während der Feiertage möchte ich zwei herausgreifen, die mir, jedes auf seine Weise, vorbildlich erschienen. Erstens gab es am Mittag des zweiten Weihnachtsfeiertages, der Höhepunkt des Festes war überschritten und man befand sich in einem Zustand besinnlicher Entspanntheit, von der ARD aus dem Concertgebouw in Amsterdam das „Weihnachtskonzert 1975": Mozarts Violinkonzert A-Dur, Solist Boris Belkin; „Daphnis und Cloé" von Ravel, mit dem Kölner Rundfunkchor und dem Concertgebouw-Orchester unter der Leitung von Bernard Haitink.

Nun stehe ich im allgemeinen solchen Konzerten im Fernsehen eher skeptisch gegenüber. Was sollen die ständigen Schwenks vom Dirigenten zu den Geigern, von den Hornbläsern zu den Flötisten? Aber hier hatte jemand mitgedacht, hatte sich die Partitur vorher angesehen, zeichnete nicht nur auf, sondern hörte auch mit. Und so kam es, daß man die Hände der Harfenistin bereits sehen konnte, kurz bevor sie in die Saiten griff, dem Solisten wurde nicht aufdringlich auf die Pelle gerückt, und doch konnte man sein Spiel auch mimisch und gewissermaßen körperlich verfolgen. Dem Einsatz eines Trommelwirbels ging der Einsatz der Kamera voraus. Man erlebte nicht nur Musik, sondern darüber hinaus ihre Gestaltung.

Danach: „Begegnungen" (WDR), ein poetischer kleiner Film von Anne Dorn – gedankliche Rückblicke auf Kindheit und Jugend, kurze Impressionen, Fragmente von Geschichten. Ein alter Mann, der allein auf einer Bank nahe eines Spielplatzes sitzt. Eine Schar kleiner Kinder will ihn ärgern; eine Gruppe von Arbeiterinnen ist verstört, weil ihre Mittagspausen-Bank besetzt ist; eine junge Mutter fragt ihn, ob er auf jemanden warte. Dazwischen Bilder von einem Mädchen, das mit seinem Großvater Schach spielt. Oder in einem Buch liest – es ist Cervantes' „Don Quichotte", reich illustriert –, während eine Katze herumstreicht, ein Kanarienvogel auf seiner Stange hopst, eine Uhr tickt. Man möchte sich dafür bedanken. Es war, als ob die Kerzen am Weihnachtsbaum niedergebrannt sind und jemand zündet heimlich neue an.

28. Dezember 1975

Was wäre, wenn...

...Othello Desdemona nicht erwürgt, der alte Lear sich seinen zwei grausen Töchtern nicht ausgeliefert, Kolumbus – eine heitere Vorstellung dies – Amerika nicht entdeckt hätte? Selten hat mich eine literarische An- und Mutmaßung so ergötzt wie David Pinners grausam-komisches Ehedrama „Julia und Romeo" (SDR), das auf der Annahme beruht, Shakespeares tragisches Liebespaar wäre nicht gestorben, sondern hätte geheiratet. Und dann 25 Jahre danach: „Warum seid ihr nicht in Mantua geblieben?" fragt Benvolio seinen Freund Romeo am Vorabend von dessen Silberner Hochzeit. „Zu provinziell", ist die Antwort, als wär's ein Stück von Carl Sternheim.

Bei Romeos resignierender Feststellung, „Ich habe seit Jahren niemanden mehr getötet", wäre ich fast vom Stuhl gefallen, und als er mit einem ächzenden Plumps vom Balkon zu Boden fiel, den er vorher gerade mit Ach und Krach erklommen hatte, sah ich schwarz für sein neues Liebesabenteuer mit der noch immer schönen Rosalinde.

„Auch Legenden müssen einmal enden", heißt es da an einer Stelle. Natürlich, und am besten so vergnüglich, so einleuchtend und so heiter-erwachsen, wie Franz Peter Wirth es uns hier mit Harald Leipnitz, Udo Vioff, Xenia Pörtner und Petra Schürmann vorgeführt hat.

5. Februar 1976

Kahlschlag

Ist der Mensch überhaupt noch zu retten? In Brasilien, wie uns Rolf Pflücke in seinem Bericht „Amazonas 2000 – Wird der größte Regenwald zur Wüste?" (SWF) zeigte, werden in einigen Gegenden von Amazonas wegen der dort existierenden zehn Prozent Nutzhölzer ganze Waldbestände abgeholzt. Der Suche nach Bodenschätzen durch internationale meist nordamerikanische Gesellschaften fallen weitere Urwaldgebiete zum Opfer. Die Verödung von Landstrichen von der Größe mehrerer europäischer Staaten deutet sich bereits an. Die „Straße der Bitterkeit" nennen die Einheimischen die riesige Überlandstraße, die im Auftrag der brasilianischen Regierung quer durch den Urwald geschlagen wird. Der vermeintliche Fortschritt frißt sich durch die Schätze der Natur und läßt nichts als Kot zurück. Wenn solche Filme einen Sinn haben sollen, dann doch nur den, den Willen jedes einzelnen von uns zu stärken, sich der zügellosen Ausbeutung von Mensch und Natur zu widersetzen.

Mehr als ein gewichtiges Problem pro Abend kann ich nicht verkraften. Darum wich ich aufs Dritte Programm aus, auf den amerikanischen Spielfilm „Ein Mann sucht sich selbst" (Five Easy Pieces) von Bob Rafaelson, nach einem Drehbuch von Adrien Joyce, aus dem Jahre 1970. Aber denkste! Dieser außerordentlich harte, indiskrete und verzweifelte Film läßt einen so schnell nicht wieder los.

Es ist ein Kahlschlag anderer Art, der uns da insbesondere von Jack Nicholson, dem Hauptdarsteller, vor Augen gehalten wird. Die geistige, moralische, emotionale Rodung, die doch wohl eine Begleiterscheinung des allgemeinen Raubbaus ist.

Robert Eroica Dupea entstammt einer alten Musikerfamilie, der aber das Leben auf der kleinen heimatlichen Kulturinsel nicht aushält, seine Karriere als Konzertpianist abbricht und sich mit Gelegenheitsarbeiten, unter anderem auch als „Rigger" auf einem Ölfeld, durchbringt. Seine Freundin, ein naives, warmherziges und hübsches Mädchen geht ihm auf die Nerven. Seine Beziehungen zu Menschen überhaupt und zu Frauen im besonderen sind gekennzeichnet von einer zynisch-wachen Gefühllosigkeit. Sein Leben besteht weniger aus einer Suche nach sich selbst, wie der deutsche Titel suggeriert, als aus einer Flucht vor den anderen. Wenn er wegen der Krankheit seines Vaters, der nach einem zweiten Schlaganfall völlig gelähmt ist, auf kurze Zeit nach Hause zurückkehrt, sitzt er überwach am Tisch und registriert jedes Wort, jede Haltung der anderen mit dem Lächeln der Verzweiflung. Er kann, seiner Schwägerin zuliebe, mit der er auch ein kurzes, unfrohes Verhältnis anfängt, ein Stück Chopin voller Gefühl abklimpern, ohne selber dabei irgendetwas zu fühlen. In anderen Worten, er ist der auf die Nerven reduzierte Mensch, ein Stück Treibgut unserer Tage.

6. Februar 1976

Fernsehkrieg

„Der Vietnamkrieg im Fernsehen" heißt eine Dokumentation von Peter Sedat, die im Dritten Programm wiederholt wurde und mich empörte. Da werden also im nachhinein alle möglichen Erklärungen geliefert, unter anderem von vier der damals dort tätigen Fernsehjournalisten – Winfried Scharlau, Hans-Walter Berg, Günter Müggenburg und Wilfried von Stockhausen –, warum Anfang der sechziger Jahre die Berichterstattung aus Vietnam so einseitig, zugunsten der Amerikaner, gefärbt war und wie erst nach und nach, auch unter dem Einfluß der weltweiten Proteste, kritischere Töne zu hören waren.

Alle vier erwähnten, wie ihnen, den neutralen Beobachtern, von den Nordvietnamesen und dem Vietkong jede Information verweigert wurde, so daß sie ganz auf die oft sehr freizügigen Stellungnahmen der Amerikaner und der Südvietnamesen angewiesen gewesen seien. Scharlau, der sich quasi zur Entschuldigung auf den Kalten Krieg und die Berliner Mauer beruft, sollte mal in der englischen Tageszeitung „The Guardian" aus den Jahren 1960/61 nachschlagen, um zu lernen, wie damals schon ein liberales Blatt gegen die amerikanische Politik in Südostasien Stellung bezog. Und es gibt auch Beispiele aus der amerikanischen Presse, wo von Anfang an das Unrecht beim Namen genannt wurde.

Das „kleine Fernsehspiel" des ZDF bot uns diesmal etwas sehr Merkwürdiges: einen farbigen Stummfilm, von James Scott mit einer 8-mm-Kamera gedreht, in dem nur hin und wieder eine hohe irische Frauenstimme in ein Klagelied ausbrach. Es war wie wenn man einen uralten Mythos nach archaischen Höhlenmalereien aufgezeichnet hätte. Die Geschichte von „Coilin und Platonida", eine Urfabel, deren tieferer Sinn uns verborgen bleibt. Aber erfüllt von unscharfen Bildern, von einer bizarren und geheimnisvollen Schönheit. Wir haben es schon fast verlernt, uns die Muße für so ein Erlebnis zu gönnen. Wer aber ausharrte, wurde auf eindringliche Weise belohnt.

7. Februar 1976

Jahrhundert der Flucht

Ein Filmporträt von Paula Becker-Modersohn anläßlich ihres 100. Geburtstages im Dritten Programm, wie viele haben es sich angesehen, vielleicht angelockt von einer vagen Verbindung mit Rilke oder von der Veröffentlichung ihrer Briefe und Tagebücher? Die fachmännischen Kommentare zu ihrem Werk waren fast durchweg von jener geschwätzigen ästhetischen Supergescheitheit, die über die eigentliche Bedeutung dieser außerordentlichen Frau gar nichts sagt. Dafür legten die Bilder um so beredter Zeugnis ab von der visionären Leidenschaftlichkeit einer Frau, der es gegeben war, an der Veränderung unseres Bildes vom Menschen, von seiner Verletzlichkeit und Hilflosigkeit mitzuwirken.

Zwei monumentale Ereignisse werden einst in den Geschichtsbüchern unser Jahrhundert charakterisieren: die Russische Revolution von 1917 und das Meer der Flüchtlingsströme, die sich in den vierziger und fünfziger Jahren über Europa, aber auch Asien und Afrika ergossen. In „Verfolgt, verschleppt, vertrieben" (ZDF) schilderte Jost von Morr in erster Linie die Vertreibung der Deutschen aus den östlichen Siedlungsgebieten nach dem Zweiten Weltkrieg, aber der Kommentar war stets fair, nüchtern – eine Spur zu nüchtern für meine Begriffe, aber wie kann man großes Elend anders als mit Zurückhaltung darstellen? – und verwies den Zuschauer immer wieder auf die primären Ursachen dieses vielfachen Leidens.

Der zweite Teil „Weg in die Zukunft" von Hannes Marx war kürzer, versöhnlicher aber auch, tut mir leid, bangloser. Eigentlich ist ja unser heutiger Zustand ein Wunder angesichts der Zerstörung und der notwendigen Flucht von damals, aber ein Wunder, das uns beunruhigen sollte. So schnell vergißt der Mensch. Und darum fällt es ihm so schwer, aus seinen Fehlern zu lernen. Es ist gut, wenn uns das Fernsehen immer wieder einmal zum Erinnern zwingt.

10. Februar 1976

Feudale Zustände

„Die Darstellung der Gesellschaft aus der Sicht eines Kindes", meint der englische Filmhistoriker Eric Rhode in einer Anmerkung zu de Sicas Meisterwerk „Fahrraddiebe", „ist eine Form von moralischer Erpressung." Oh ja, eine sehr beliebte und, wie ich vermute, eine künstlerisch nicht ungefährliche. Denn um wirksam zu sein, muß sie die Prämisse erfüllen, die der Glaubhaftigkeit.

Vor ein paar Jahren war das Robert Wolfgang Schnell mit seinem Roman „Erziehung durch Dienstmädchen", gelungen, der dann von Klaus Emmerich verfilmt und im Juni letzten Jahres vom ZDF gezeigt wurde. Und noch vor Schnell, nämlich 1936, hatte Ilse Molzahn, die Frau des Malers Johannes Molzahn, mit ihrem Roman „Der schwarze Storch" einen ähnlichen Versuch unternommen, der jetzt von Herbert Ballmann wiederum für das ZDF zu einem Fernsehfilm komprimiert wurde.

Es ist ja bemerkenswert, wie sich die zwei Filme ähneln, obgleich sie doch in einem sehr unterschiedlichen Milieu und zu verschiedenen Zeiten spielen. Schnells Roman handelt vom Kampf der Arbeiterräte im Ruhrgebiet 1920, gesehen durch die Augen des kleinen Ernst Brück Sohn eines Bankdirektors, der erst spät erfährt, was sich in der Küche seines Hauses und in der Kammer von Anna, dem Dienstmädchen, abspielt. Im „Schwarzen Storch" beschreibt Ilse Molzahn den Zerfall eines Gutes – vor dem Ersten Weltkrieg an der Ostgrenze des Reichs –, auf dem noch feudale Zustände herrschen, den Zerfall, wie er von der etwa neunjährigen Katharina, der Tochter des Gutsherrn, erlebt wird.

Beide, Ernst und Katharina, haben nicht viel von ihren Eltern und suchen die Wärme des Dienstpersonals, hier die formidable Anna, da das unglückliche Stubenmädchen Helena und die küchengewaltige Kascha. Bei beiden spielt ein nur gelegentlich auftauchender Onkel eine große Rolle. Was bei Schnell die Proletarier, sind bei Ilse Molzahn die polnischen Landarbeiter: und wie sich der kleine Ernst intuitiv zu dem Kutscher Bolek und dem revolutionären Freund der Anna hingezogen fühlt, ist Katharina mit der Sprache der Polen vertraut und zittert mit ihnen um das Leben des schwarzen Storches, den der Vater totschießt.

Noch eine Parallele: in beiden Filmen sind die Kinder, damals Claudius Kracht, jetzt Friederike Schneider – was Wunder! die glaubwürdigsten Darsteller. Aber Emmerich hatte es mit seinen erwachsenen Schauspielern leichter, was vielleicht auch daran liegen mag, daß einige Dialoge im Drehbuch von Herbert Ballmann und Wolfgang Patzschke einfach nicht zu sprechen sind. So muß die Kamera von Gero Erhardt her, um jene Traumlandschaft einzufangen, die man heute wahrscheinlich nicht wiedererkennen würde. Denn eines macht der Film bei allen Einwänden doch deutlich: die heute das Land bestellen, würden die Herren von damals mit Sicherheit nicht wieder über sich haben wollen.

18. Februar 1976

Entwöhnungskur

Bevor ich zu meinem eigentlichen Thema komme – dem Einfluß des Fernsehens im privaten Bereich und im öffentlichen Leben – erst eine böse Anmerkung zu einem guten Programm. Gestern noch regte ich mich auf über die sinnlos verspielte Weise, wie in der ARD-Sendung „Schaukasten", im ersten Programm, über das Medium Film Scheininformationen geliefert wurden. Heute kann ich lobend auf die „Kino-Werkstatt" des dritten Programms hinweisen, in der mit etlichen deutschen und ausländischen Filmemachern gründlich und anhand von Beispielen verschiedene Probleme ihrer Arbeit – organisatorischer, finanzieller, inhaltlicher Natur – diskutiert wurden. Das heißt: die Mehrzahl der Zuschauer wird abgespeist, eine kleine Minderheit wird ernst genommen. Das scheint mir ein ziemlich eklatantes Beispiel von Elitedenken und Elitedünkel.

Im ZDF die Sendung „betrifft: Fernsehen" und später am Abend, vom WDR, der achte und letzte Bericht der Serie „Ohne Zukunft lebt sich's schlecht". Wer da genau zusah, konnte sich des Eindrucks nicht erwehren, daß neben den anderen fürchterlichen Dingen, die die Zukunft der Menschheit gefährden und bereits die Gegenwart unerträglich machen – Umweltverschmutzung, Raubbau an den Rohstoffen, Überbevölkerung, Fließband- und Akkordarbeit, Hunger usw. – auch das Fernsehen eher als Plage denn als Gewinn zu betrachten ist.

Kommt die Art, wie wir den Verschleiß unserer Erde zulassen, einem „programmierten Selbstmord" gleich, wie die Autoren des Berichts „Entwicklung wohin?" befanden, so lähmt das Fernsehen unsere Reaktions- und Erlebnisfähigkeit. Die zwei Berliner Familien, die sich bereit erklärt hatten, an einem vom ZDF organisierten Test mitzuwirken und den Fernseher vier Wochen lang pausieren zu lassen, zeigten alle Merkmale von Süchtigen während einer Entziehungskur. Fünf Tage vor Ende des Experiments brach die 25jährige junge Frau fast zusammen, weinte und nannte die Abwesenheit des Apparates eine „Katastrophe".

Es ist die schlimmste Aussage, die das Fernsehen je über sich selbst gemacht hat. Denn es besagt nichts anderes, als daß die konstante Berieselung und Ablenkung die Menschen psychisch entleert. „Man achtet mehr auf das, was der andere tut", sagte die junge Frau; „da hat man wieder mehr zum Nörgeln." In anderen Worten, ohne das Fernsehen ist man gezwungen, sich dem Leben zu stellen. Das mag ein wesentlicher Grund sein, warum es in den hochentwickelten Industrieländern mit ihren dichten Fernsehnetzen so verhältnismäßig ruhig zugeht. Das latente Unbehagen, der nötige Protest, die geschärfte Wachsamkeit werden von der flimmernden Kiste neutralisiert. Der „programmierte Selbstmord" wird leichter ertragen mit Hilfe eines mörderischen Programms.

25. Februar 1976

Bestandsaufnahme

Mit insgesamt 267 Glossen an dieser Stelle habe ich jetzt genau zwei Jahre lang – fast täglich, jeden zweiten Monat – meine kritischen Anmerkungen zur beliebtesten Freizeitbeschäftigung von jedermann machen dürfen: dem Fernsehen. Eine bescheidene Bestandsaufnahme ist fällig, bevor ich mich den nächsten zwei Jahren zuwende.

Meine bisherige Arbeit hat mich gelehrt, wie wichtig das Fernsehen ist. Es ist ein Unterschied, ob man das weiß, wie man weiß, daß die Erde um die Sonne kreist und nicht umgekehrt, oder ob man sich dessen auch wirklich bewußt ist. Dieses inzwischen wichtigste, weil einflußreichste Massenmedium kann uns unterhalten, entspannen, ablenken; es kann uns den Alltag erträglicher machen. Es dient aber auch der Information, kann uns aufmerksam machen, warnen. Seine Breitenwirkung beruht zu einem großen Teil auf dem Umstand, daß seine Rezeption verhältnismäßig wenig Mühe macht – im Gegensatz zum Arbeitsaufwand beim Lesen einer Zeitung oder eines Buches oder dem Anteil unserer eigenen Vorstellungskraft beim bloßen Hören einer Radiosendung.

Das Fernsehen ist aber auch potentiell eine außerordentlich gefährliche Waffe im Kampf um die Herzen und Hirne der Allgemeinheit, die, je nachdem, welche gesellschaftlichen und politischen Kräfte über sie verfügen, in unserem Interesse oder gegen unsere Interessen eingesetzt werden kann. Es kann erregen und gleichgültig machen, wobei gleichzeitig noch die Gefahr des süchtigen Mißbrauchs besteht – mit schlimmeren Folgen als die vieler Aufputschmittel. Während diese uns nämlich wenigstens die Illusion eines intensiveren Erlebens geben, wirkt der stete Konsum von Hör- und Sehreizen eher abstumpfend.

Dann besitzt das Fernsehen ein so großes Arsenal von optischen und akustischen Tricks, daß es – bewußt oder unbewußt – zur Manipulation unserer Denkweisen geradezu verführt. Die als solche gekennzeichnete Werbung läßt uns noch ein Minimum an eigener Entscheidung; das Fernsehen ist fast konkurrenzlos und oktroyiert uns ständig Meinungen und Persönlichkeiten, die es uns als Autoritäten vorstellt.

Nur sehr gelegentlich geht von diesem Wunderkasten der Elektronik eine erhebende Wirkung aus: dieser Glücksfall tritt ein, wenn uns ein Fernsehspiel entzückt, eine Dokumentation uns neue Perspektiven eröffnet, eine markante Persönlichkeit unsere Hoffnungen weckt oder bestätigt.

An diesem Wochenende geschah dies einmal, außerhalb des vorgedruckten Programms, mit dem „Selbstbildnis" von Oskar Kokoschka (III. Programm) anläßlich seines 90. Geburtstags. Hier gab ein Mann kund, daß sich der Einsatz lohnt, daß wir uns unsere Fähigkeit zum Erlebnis bewahren müssen, daß der Mensch im Mittelpunkt des Geschehens zu stehen habe, daß wir uns selber – und keiner anderen Autorität – zur Rechenschaft verpflichtet sind, daß wir das Werk unseres Geistes und unserer Hände behüten müssen. Dank darum.

2. März 1976

Strandgut

Ein Satz aus dem ARD-Wirtschaftsmagazin „Plusminus" tuckert im Kopf weiter: „Sie überlassen den Marktwert der Mark dem Markt." Viel anderes wird dem Bundesfinanzminister Apel bei Lage der Dinge nicht übrig bleiben. Es ist wie mit dem Fleischinhalt der Wurst, der zweifelsfrei von dem Fleisch abhängt, das die Metzger in ihre Würste stecken. Die Einsicht kam mir, als ich plötzlich von Freddy Quinn genug hatte, der im ZDF zur gleichen Zeit eine im großen und ganzen sehr gelungene Show abzog.

„Wir sind Treibholz", dichtete die junge Frau, die sich Hubert Fichte zum Vorbild seines Romans „Die Palette" genommen hatte; „Wir sind Strandgut." Rainer Hagen hatte von ihr 1969 ein ziemlich makabres Porträt entworfen, das ein Jahr später mit dem Adolf-Grimme-Preis ausgezeichnet wurde. Nach der Wiederholung konnte das 3. Programm nun mit einer Fortsetzung aufwarten: „Wie es weiterging". Also ging es so weiter, wie es angefangen hatte. Die inzwischen 31jährige schien genauso hilflos in einem Dämmerzustand zwischen Traum und Wirklichkeit von obskuren Einflüssen abhängig, auch natürlich von Beruhigungs- und Aufputschmitteln, in den Händen eines Psychiaters sich von einem Verhältnis ins andere treiben lassend. Sicher kein Einzelschicksal und sicher kein Leben, über das wir mit einem Nasenrümpfen zur Tagesordnung übergehen können. Denn was in anderen Ländern die Elenden, am Rande des Verhungerns sich Dahinschleppenden, sind bei uns die Dünnhäutigen, die unter dem brutalen Anspruch der teils nackten, teils verschleierten Gewalt unserer Leistungs- und Konsumgesellschaft zusammenbrechen. Sie verfallen dem Alkohol, den Drogen, einem Mystizismus und landen schließlich in einer psychiatrischen Klinik oder beim Selbstmord.

3. April 1976

Genie ohne Diplom

Pech für Roger Pigaut, den Regisseur der dreiteiligen Filmbiographie von Paul Gauguin. Am Abend der zweiten Folge, in der die Freundschaft zwischen Gauguin und Vincent van Gogh im Mittelpunkt steht, wird bekannt, daß Max Ernst einen Tag vor seinem 85. Geburtstag gestorben ist, und das ZDF beendet sein Programm mit der Wiederholung von Peter Schamonis liebevollem Bericht über den Maler und sein Werk, den er anläßlich des 80. Geburtstags von Max Ernst komponiert hatte. Welch ein Unterschied! Hier die anekdotische Kolportage, die sowohl Gauguin wie auch van Gogh als zwei bizarre Vögel erscheinen läßt und die in keiner Weise zu vermitteln versteht, was diese zwei zu großen Künstlern ihrer Zeit werden ließ; und da die einfühlsame Unterordnung unter den Geist und die Absichten eines Malers, der wie kaum ein zweiter unserem Jahrhundert seine bildlichen Symbole gegeben hat.

Auf alle drei trifft zu, was Max Ernst von Ernst Wilhelm Leberecht Tempel behauptete, einem Astronom des 19. Jahrhunderts: „Er hatte Genie, aber kein Diplom." Zugegeben, das Leben eines Malers so darzustellen, daß der Zuschauer eine Ahnung bekommt von der schöpferischen Wut, von dem heiligen Zwang, denen er unterworfen ist, das ist eine schwierige Angelegenheit, und weder Maurice Barrier als Gauguin noch Jean de Connynck als van Gogh haben genügend eigenes inneres Feuer, um uns dieses Phänomen plausibel zu machen. Also müssen die Randfiguren herhalten, die kleinen Huren im Bordell von Arles, die Exotik von Tahiti, ein bißchen Larifari um die bürgerlichen Bindungen, denen sich Gauguin entzieht.

Wie man es hätte anders machen können, ich weiß es nicht. Vielleicht war das Unternehmen von vornherein zum Scheitern verurteilt, denn wo soll denn bei einer deutsch-österreichisch-französischen Koproduktion die Intensität herkommen, die allein einer so urtümlichen Erscheinung, wie Gauguin als Künstler es war, gerecht werden könnte?

4. April 1976

Roulette amerikanisch

Es naht der 200. Geburtstag der Vereinigten Staaten, der in keinem anderen Land – außer in den USA selber – so ausführlich gefeiert werden wird wie hierzulande. Natürlich auch im Fernsehen. Vorerst kann man sich aber des Eindrucks nur schwer erwehren, die Programmacher der ARD, des ZDF und des Dritten Programms hätten es sich zur Aufgabe gemacht, uns die USA als das Land der unbegrenzten Scheußlichkeiten zu präsentieren.

„Merc", das kleine Fernsehspiel des ZDF, würde allein diesen Verdacht nicht rechtfertigen, auch wenn dieses Beispiel von Cinéma vérité nicht gerade als erhebend bezeichnet werden kann. Mark Obenhaus hat nichts anderes getan, als einen völlig kaputten jungen Mann ein paar Tage lang mit der Filmkamera zu verfolgen, der die meiste Zeit auf dem New Yorker Zentralbahnhof herumgeistert. Es kann nicht geleugnet werden, daß von dieser Schattenexistenz wie auch von der Beharrlichkeit des Regisseurs, der jenes menschliche Wrack auch noch für eine Nacht zu sich nach Hause nimmt, eine makabre Faszination ausgeht.

Aber schon das darauffolgende Programm ließ eine böse Absicht vermuten: „Die Mitzi Gaynor Show". Eine vulgäre, aufdringliche, kostspielige und absolut geistlose Revue von Songs und Tanznummern, wie sie wahrscheinlich nur noch in Amerika mit dieser sterilen Perfektion und diesem Aufwand möglich ist. Aber der Geschmack der Veranstalter ist eine Sache, der des ZDF eine ganz andere, wo man nicht bedacht zu haben scheint, welche negative Kontrastwirkung eine solche Zusammenstellung haben muß.

Am nächsten Abend, Karfreitag, ging es dann aber erst richtig los. Unter dem Signum „200 Jahre USA" bot uns das ZDF „Johnny Cash – und die Geschichte der amerikanischen Eisenbahn", so blödsinnig synchronisiert, daß Cash, der weltweit bekannteste Vertreter der amerikanischen Country Music, nicht ein Lied singen konnte, ohne daß ihm ein deutscher Sprecher Zeile für Zeile mit der Übersetzung hineinplatzte. Wozu gibt es Untertitel?

Den Vogel schoß jedoch das Dritte Programm ab mit der erbaulichen Reportage „Und es geschieht ihnen nichts" mit dem Untertitel „Der Tod des Lonnie Richardson". Dieser Lonnie war Mitglied einer absolut verrückten religiösen Sekte, deren Gottesverehrung in einer Art von amerikanischem Roulette besteht: Ein Tanz mit teils giftigen, teils harmlosen Schlangen. 19 Mal war Lonnie, ein Vietnamveteran, schon gebissen worden. Beim 20. Mal hat es ihn dann eben erwischt, und Jörg F. Pedersen war mit seiner Kamera dabei, um alles aufzuzeichnen: Den Todeskampf des Lonnie, die verzückten Gesichter der Frauen bei der anschließenden Todesmesse, die Schlangenknäuel in den Händen der Gläubigen. Fröhliche Ostern.

18. April 1976

Braungebrannt

„Ist der Mensch ein Affe oder ein Engel?" fragte Disraeli 1864, fünf Jahre nach Veröffentlichung von Darwins „Ursprung der Arten"; und er entschied: „Ich bin auf der Seite der Engel." Wir mögen ihm zugute halten, daß er dieses Bekenntnis in Anwesenheit eines Bischofs ablegte, nämlich auf einer Tagung der „Gesellschaft für die Erhöhung der Bezüge der kleinen Pfarren in der Diözese von Oxford". Andere Perlen aus derselben Rede: „Der Mensch, Euer Hochwürden, ist ein Wesen, das geboren ist zu glauben" und „Eine Partei ist eine organisierte Meinung."

Was hat das alles mit dem Fernsehen zu tun? Einen Augenblick noch. Diese Zitate fielen mir an einem Abend von historischer Bedeutung wieder ein, der in diesem Lande vor ein paar Jahrzehnten mehr oder minder fröhlich zelebriert wurde: am 20. April – „Führers Geburtstag".

An eben diesem Abend spannte das ZDF die gedankliche Brücke zwischen dem jüdischen „Abenteurer", der es bis zum Ersten Minister Ihrer Majestät, Königin Victoria, brachte, und dem halb gebildeten Gefreiten aus Braunau, dessen „braune" Diktatur fast die ganze Welt in Schrecken versetzte: Beide hatten Abstammungssorgen.

Und die hat die kleine, alleinstehende Brigitte Lüders auch, die, unehelich geboren, den Ariernachweis ihres Großvaters väterlicher Seite braucht, wenn sie als Stenotypistin bei einer Behörde eingestellt werden will. Im „Bund Deutscher Mädchen" ist sie schon, der „Hitler-Gruß" ist ihr zur lieben Gewohnheit geworden. Nur dieser verflixte Großvater: Affe oder Engel? Aber sie hat Glück – in dem Film „Altes Herz wird wieder jung" (1943) – und ihr Großvater, stellt sich heraus, ist Emil Jannings und nicht Fritz Kortner, so daß sie – statt vielleicht einen Judenstern tragen und sich in der Rüstungsindustrie totschuften zu müssen – die Frau von Viktor de Kowa werden kann.

„Warum müssen die Politiker auf den Wahlplakaten immer so braungebrannt aussehen?" wird ein Werbefachmann der SPD in „Kennzeichen D" später gefragt. „Ein brauner Mensch sieht etwas gesünder aus als ein blasser", ist die Antwort. Man sieht, Disraeli, der einen auffallend dunklen Teint hatte, und Hitler sind nicht vergessen. Hanns Werner Schwarze und seine Mannen hatten sich einen hübschen Gag ausgedacht: einen Plakat-Test. Auf der einen Seite die strahlenden Köpfe von Schmidt, Kohl und Genscher und einem attraktiven Mädchen mit roten Haaren und grünen Boxhandschuhen, auf der anderen die frechen Montagen vom Plakate-Staeck. Braungebrannt und dynamisch – das sind die wichtigsten Eigenschaften in der politischen Werbung.

Und schließlich, noch immer in „Kennzeichen D", die alten und jungen Herren mit den Schmissen im Gesicht. Mit den Burschenschaften geht es anscheinend wieder aufwärts. Sie sind so „unpolitisch" wie eh und je. Einst hatten sie mit angehenden Stenotypistinnen gemeinsam, daß sie neben der Protektion der schon Arrivierten und der rechten Gesinnung großen Wert auf die richtige Abstammung legten. Das trifft heute bei beiden nicht mehr zu. Die rechte Gesinnung genügt.

22. April 1976

Betrogene Jugend

Gemessen an der sozialen Ordnung von primitiven Stämmen, sei's in Afrika, im Gebiet des Amazonas oder im Urwald von Neu-Guinea, ist der moderne Mensch ein Barbar, der weder seine Kinder vor dem Druck des zunehmend brutalen Konkurrenzkampfes noch seine Alten vor der Isolierung und Vereinsamung zu schützen versteht. So „radikal" war die erste Folge der neuen Sendereihe des SDR gar nicht, in der Professor Reinhardt Lempp aufgefordert wurde, vor einem Tribunal von Fachleuten – Psychologen, leitenden Beamten in der Schulverwaltung, Lehrern, Eltern und auch Schülern – seine These zu vertreten: „Die Schule macht die Kinder krank." Im Gegenteil, es ging alles sehr gemäßigt zu. Lediglich Otto Hertz, von der Universität Bielefeld, versuchte dem Übel an die Wurzel zu gehen, als er meinte, daß sich in der Schule bereits die Widersprüche unserer Gesellschaft widerspiegelten.

Etwas beängstigend hingegen die Reaktion der drei schon fast erwachsenen Schüler, die geradezu par excellence den Vorwurf einer immer größeren Normierung der Schülerschaft bestätigten und einstimmig das gegenwärtige System des Zensurkrieges und der damit verbundenen Auslese bejahten.

Danach präsentierte das ZDF die erste Fernsehschwalbe zum „Wahljahr '76" mit einem Bericht über die „Jungwähler", also über jene, die gerade aus den Schulen gekommen sind, die laut Professor Lempp die Kinder krank machen. Was aber Detlef Sprickmann und Otto Wilfert wirklich demonstrierten, war, wie man mit Hilfe der Wissenschaft, mit Statistiken und Meinungserhebungen die größtmögliche Verwirrung anrichten kann. Ein solcher Aufwand, um festzustellen, daß Jugendliche, die sich mit ihren Eltern gut vertragen, eher geneigt sind, deren politische Meinung anzunehmen, als solche, die ihren Erzeugern die Krätze an den Hals wünschen.

Im Kleinen Fernsehspiel des ZDF, „Ich heiß' Marianne, und Du…?", ging es um zwei Freundinnen, in deren Leben ein junges Mädchen einbricht, das aus einem Erziehungsheim geflohen ist. Meine frühe Skepsis wich bald einer warmen Anteilnahme, weil Uschi Reich, Autorin und Regisseurin dieses Dramas von Hilflosigkeit, Liebe und Eifersucht so viel guten Geschmack bewies, so schlüssig die Problematik eines entwurzelten jungen Menschen darstellte und dabei doch von ihrer eigenen Unsicherheit gegenüber dem Stoff mit einfließen ließ, daß man am Ende des Abends etwas weniger verwirrt, krank oder verzweifelt sein durfte.

24. April 1976

Frauen im Fernsehen

Gestern ein Mädchen, das aus einem Heim weglief, heute schon wieder. In beiden Fällen war es eine Frau, die ihre Geschichte schrieb und dann auch inszenierte. „Winterreise", mit Sabine von Maydell als der 17jährigen Brigitte, ist das Filmdebüt von Ilse Hoffmann, einer Absolventin der Münchner Hochschule für Fernsehen und Film. Nur dieser Umstand interessiert mich jetzt. Über den Film selber, der schon im Oktober letzten Jahres im Dritten Programm gezeigt wurde, habe ich seinerzeit ausführlich und bejahend berichtet.

Wo sind die Frauen im Fernsehen? Ich meine, die Autorinnen, Regisseusen, aber auch die Leiterinnen eines ganzen Ressorts, die Programmdirektorinnen und Intendantinnen? Immer ist von Ausgewogenheit die Rede, aber damit ist stets nur der Proporz gemeint. Wie steht es mit der Ausgewogenheit zwischen den Geschlechtern? Jetzt hat fast jeder Sender seine eigene Talk-Show, nicht eine, bei der eine Frau die Leitung hätte. Nur Marianne Koch darf in „III nach neun" neben zwei Männern auch Fragen stellen.

Natürlich gibt es ein paar Frauen, die, sagen wir, eine Redaktion leiten oder ein Feature zusammenstellen oder auch mal einen Auslandsbericht verfassen. Aber sie sind eine verschwindende Minderheit. Dabei hat das Fernsehen, vielleicht mehr als irgendeine andere Institution, dank seines Einflusses auf die Denkweise von Millionen gerade in dieser Hinsicht eine immense Verantwortung. Aus zwei Gründen. Einmal, weil man von einer größeren Mitsprache der Frauen an entscheidender Stelle eine entsprechende Humanisierung des Programms erwarten darf; und dann, und noch wichtiger, weil die öffentlich erkennbare Gleichberechtigung der Frau im Fernsehen anderen Frauen Mut machen würde, sich auch auf anderen Gebieten zu betätigen, die heute noch die Domäne von Männern sind. In der Politik, zum Beispiel, oder in der Wissenschaft. Jedenfalls sollte Ilse Hoffmann ganz schnell die Mittel und den Auftrag für einen neuen Film bekommen.

25. April 1976

Älterer Bruder

Im Programm stand, vom SDR, „Der Staat des Papstes, der Vatikan und seine Schlüsselfiguren", ein interessantes Thema. Ich hatte es mir angekreuzt. Aber es kam anders. Die unglückliche Ansagerin, die uns den Programmwechsel ankündigte, erklärte: „Anlaß dazu waren die widersprüchlichen Meldungen gerade der letzten Wochen über das Urwaldhospital Albert Schweitzers." Und dann lief „Sonnenuntergang in Lambarene", ein Bericht, den Roman Brodman schon vor einem Vierteljahr gedreht hat.

Tut mir leid, ich glaube kein Wort dieser Erklärung. Alle Beteuerungen der Fernsehmacher, uns, die Zuschauer, zu informieren, aufzuklären, als mündige Bürger zu behandeln, müssen unseren Argwohn erwecken, wenn wir auf so plumpe Weise abgespeist und für dumm verkauft werden. Es mag gewichtige Gründe gegeben haben, diesen Programmwechsel in letzter Minute vorzunehmen, aber dann soll man sie uns auch sagen.

Brodmans Bericht brachte wenig Neues und bestätigte nur, daß das Zeitalter der christlichen Mission in Afrika zu Ende ist, in der sich auch der edel denkende Europäer noch als der ältere Bruder des Afrikaners verstand, wie Schweitzer selber seine Rolle in Gabun zu bezeichnen pflegte. Den älteren Bruder gibt es nicht mehr – und damit auch nicht die paternalistische Herrschaft der Weißen über die Schwarzen. Wer wollte darüber traurig sein?

27. April 1976

Auch du, Brutus

Man kann Shakespeare verändern, wenn man Shakespeare verändern kann, meinte Bertolt Brecht und konnte es ganz gut. Aber nicht so gut wie der Engländer John Bowen, denn was der und sein Regisseur Ronald Smedley aus Shakespeares „Julius Caesar" gemacht haben, gehört mit zum Tollsten und Witzigsten, was uns das Fernsehen seit vielen langen Abenden beschert hat.

Daß diese Modernisierung eines klassischen politischen Attentats mit nachfolgendem Bürgerkrieg – unter dem Titel „Heil Caesar" (SDR) – so absolut überzeugend über den Schirm lief, ist nicht zuletzt der erstklassigen Besetzung in dieser Produktion der BBC zuzuschreiben. Anthony Bate, mit seinen treublauen Augen, war ein idealer Brutus, dessen moralische Skrupel den 15. März 44 vor Christus wie ein ironisches Vorspiel auf den 20. Juli 1944 erscheinen lassen. Und wenn Seneca später zu dem Schluß kam, unter den Mördern Caesars wären mehr Freunde als Feinde Caesars gewesen, wirft das schon im voraus ein bizarres Licht auf die noblen Verschwörer gegen Hitler.

Aber, Herrgott im Himmel, wie raffiniert das gemacht war! Um bei der Fernsehansprache des Brutus und später des Mark Anton das Volk vor dem öffentlichen Bildschirm zu zeigen, schnitt man ganz einfach die versammelte Menge der Gläubigen auf dem Petersplatz in Rom während der Osteransprache des Papstes ein. Und da dies nun niemandem entgehen konnte, wurde so lapidar auf die Verquickung von Staat und organisierter Religion hingewiesen. Dazu Bilder aus dem gequälten Belfast und von anderen Orten, wo sich Polizei und Demonstranten ein blutiges Scharmützel liefern. So wird es gewesen sein; so ist es noch heute; es hat sich nichts geändert.

3. Juni 1976

Spätaussiedler

Einen so düsteren und deprimierenden Abend habe ich schon lange nicht erlebt, als wäre Karfreitag und der Volkstrauertag auf ein und denselben nebligen und regnerischen Tag gefallen. Das fing mit der journalistischen Leichenfledderei an, die Eberhard Fechner vor sechs Jahren an einer alten Frau beging, die ein Jahr zuvor, am 10. März 1969, Selbstmord begangen hatte; setzte sich fort in einem Barackenlager für deutschstämmige Einwanderer aus Polen und endete schließlich in einer absolut trostlosen Gegend in Jugoslawien mit einem zweiten Selbstmord.

„Nachrede auf Klara Heydebreck" (NDR), die Wiederholung einer Fernsehdokumentation, die mit dem Adolf-Grimme-Preis in Silber, einer „Goldenen Kamera" der Programmzeitschrift „Hör zu" und dem Kritikerpreis des Verbandes der deutschen Kritiker ausgezeichnet worden war, löste bei mir ein wachsendes Unbehagen aus. Sicher, man wurde daran erinnert, wie schwer es viele Menschen hatten und noch haben, ein halbwegs sinnvolles und erfülltes Leben zu führen; wie wenige erinnerungswürdige Annehmlichkeiten ihnen widerfahren; wie schwer Einsamkeit zu ertragen ist und wie wenig wir voneinander wissen. Sie sei ein „übriggebliebenes Fräulein" gewesen, meinte einer der Nachbarn jener Klara Heydebreck, die sich immer mehr auch von der eigenen Familie zurückgezogen hatte und deren Restguthaben nach einem Leben der Entbehrungen und Enttäuschungen 6 Mark 49 betrug. Aber ich werde das Gefühl nicht los, daß sie sich selber gegen diese öffentliche Zur-Schau-Stellung ihrer Niederlage gewehrt hätte und daß in der verspäteten Anteilnahme, die uns das Fernsehen abringt, etwas steckt, das nicht gut ist: der Grauschleier der Resignation vor Geschichte und Schicksal; die von einem Achselzucken begleitete Feststellung: so ist eben das Leben.

Was ist ein Spätaussiedler, und wieso werden die Menschen, die jetzt erst aus Polen in die Bundesrepublik kommen, „Aussiedler" und nicht „Einsiedler" genannt? Überhaupt der ganze Jargon dieser großangelegten Menschenverschiebung liegt schwer auf der Zunge: „Übergangseinrichtungen", „Förderschulen" und „Einlebensseminare". Wem nützt es, daß so viele Menschen meist aus einfachen Verhältnissen jetzt entwurzelt werden? Wie oft wird man auch bei ihnen einmal eine fürchterliche Bilanz ziehen müssen, die meist nur den materiellen Reizen einer lang anhaltenden Propaganda erliegen, sich in eine für sie fremde Welt zu begeben?

Rudolf Borchers stellte in „Fremd im eigenen Land" (3. Programm) die wesentlichen Fragen und leitete die Diskussion zügig und intelligent. Wenn da nur nicht soviel politisches Prestige im Spiel wäre! Denn es ist meine Überzeugung, daß wir uns und ihnen dieses Problem hätten ersparen können.

Außer dem Bild Titos in einer Amtsstube war in dem anschließendem Film, „Das Joch", von dem oft gepriesenen jugoslawischen Weg zum Sozialismus nichts zu spüren oder zu sehen. Eine karge Landschaft; ein Leben wie vor hundert Jahren; viel Alkohol, viel blinde Wut, ausgelöst von einem schicken Auto aus Deutschland. Und zum Schluß ein junger Mann über seinem zertrümmerten Motorrad, das Gesicht in einer Lache.

6. Juni 1976

Schaustellergehilfe

Wie oft passiert das: Man sieht etwas im Fernsehen, und zehn Minuten später hat man es vollkommen vergessen. Also ich schwöre, ich habe mir „Spiel mit Playboy", die letzte Folge in der Serie „Detektiv Rockford: Anruf genügt" (ARD), von vorn bis hinten angesehen; ohne Unterbrechung, wie das sonst manchmal meine Art ist. Und ich weiß nicht – und wenn man mich totschlägt –, was da eigentlich los war. Ich erinnere mich nur dunkel, daß ein ziemlich unsympathischer Bursche seine Frau umgebracht haben soll und daß seine reich verheiratete Geliebte ihm ein Alibi verschaffen könnte. Aber ob er es nun getan hat oder nicht, und wie Rockford das herausbekam – keinen Schimmer.

Im Gegensatz dazu erinnere ich mich sehr deutlich an die Schaustellergehilfen in „Wir haben nie gespürt, was Freiheit ist", vom ZDF fälschlich als „Kleines Fernsehspiel" angekündigt. Alles was Johannes Flütsch und Manfred Stelzer getan haben, ist, daß sie sich auf einem riesigen Rummelplatz, dem Hamburger „Dom" einmal gründlich umsahen und mit den jungen Männern sprachen, die dort für einen durchschnittlichen Stundenlohn von 1,80 DM Schwerarbeit leisten. Das Ergebnis war eine erstklassige Reportage, ohne Zuckerguß, über eine Gruppe von Menschen, die man normalerweise im Getümmel der Karussells und Schießbuden kaum beachtet. „Ich will mich mal gerade machen", sagte einer, „aber hier kommt man nie raus." Und einer der Schausteller gab zu: „Wenn die eine Gewerkschaft hätten, könnten wir zumachen." Das war Leben hinter der Fassade, die Angst hinter der Geisterbahn, die Trostlosigkeit hinter der Dampfmusik. „Die können gar nicht anders", sagte der Schausteller; „wenn der Frühling kommt, spüren sie es und sind voll dabei. Ein Glück für uns." Und auch für uns, die den Rummelplatz lieben. Aber ein bißchen traurig ist es schon.

12. Juni 1976

Wogende Busen

Wann wogt schon ein Busen? Wenn die Dame sehr erregt ist und so ein- und hochgeschnürt, daß man das Gewoge auch sehen kann. Also leider nicht in unserem Jahrhundert. Aber wozu gibt es den Film, der uns mühelos in frühere und wogendere Jahrhunderte zurückführen kann?

Eine zweite Frage: Wie alt war ich 1945? Ich sag's nicht. Aber immerhin so alt – oder jung –, daß mich Margaret Lockwood und Patricia Roc doch aufregen konnten, ganz egal in welchem Schauermärchen diese beiden Filmschönen ihre Reize wogen ließen. Daß der Film „Frau ohne Herz" (ZDF) damals als besonders unmoralisch galt und James Mason überdies zu seinem internationalen Durchbruch verhalf, macht deutlich, daß wir auch noch nach dem Zweiten Weltkrieg mit seinen Schrecken richtige Unschuldslämmer waren.

Der zweite Teil von Horst Sterns „Bemerkungen über das Tier im Zoo" (SDR) war nicht so überzeugend wie der erste. Warum wohl? Weil der Autor selber nicht wußte, wie dem Übel abhelfen, das er anprangern wollte. Natürlich kann kein Zoo den Eindruck, den das Tier in freier Wildbahn macht, voll rekonstruieren; genauso wenig wie das deutsch-amerikanische Volksfest in Dahlem mehr als nur eine Ahnung von den USA vermitteln kann. Manchmal allerdings, wenn man aus einiger Distanz das Gedränge vor und hinter den Gittern eines Geheges beobachtet, weiß man nicht, wer Affe, wer Mensch ist. Das wäre noch ein Gebiet, mit dem sich Horst Stern beschäftigen sollte: die falsche Menschhaltung.

17. Juni 1976

Fahnenflucht

Spätestens seit dem ersten, dem unseligen, ganz und gar überflüssigen, nur vom Konkurrenzkampf der Staaten angeheizten Weltkrieg ist klar, daß die sogenannten soldatischen Tugenden – unbedingter Gehorsam, Disziplin, Tapferkeit vor dem Feind – eher Ausdruck einer sklavischen als einer heldischen Gesinnung sind, wenn der, dem sie nachgesagt werden, nicht weiß, wofür und wogegen er ins Feld zieht, sondern mit ein paar demagogischen Floskeln abgespeist werden kann.

Wer geistig blind den Waffenrock anzieht und den Helden spielt, verdient unsere Achtung nicht; wer sich unter diesen Umständen weigert, zu töten und das eigene Leben zu riskieren, darf mit unserem Mitgefühl rechnen. Darauf baut der Film von Lamont Johnson, „Die Hinrichtung des Soldaten Slovik" (ARD), den vermutlich nicht viele gesehen haben werden, denn er lief als deutsche Erstaufführung zur gleichen Zeit wie die ZDF-Übertragung des zweiten, ungemein spannenden Halbfinales Jugoslawien – Bundesrepublik in der Fußball-Europameisterschaft.

Eddi Slovik war der erste Soldat seit dem amerikanischen Bürgerkrieg von 1861-65, der von einem Militärgericht wegen Fahnenflucht zum Tode verurteilt und 1945 erschossen wurde. Er war ein Mann, der nicht einsehen wollte, warum er, der gerade nach schwierigen Anfängen dabei war, sich mit seiner jungen Frau ein halbwegs glückliches Leben aufzubauen, dieses Leben aufs Spiel setzen sollte. Er desertierte und stellte sich dann freiwillig dem Gericht in der Hoffnung, daß er im Gefängnis den Krieg überleben würde.

Der Film ist fast bis zur Unerträglichkeit realistisch, und Martin Sheen präsentiert den unglücklichen GI als einen einfachen, aber unbeugsamen Menschen, den man nicht wagen würde, einen Feigling zu nennen. Die Deutschen gingen damals weit weniger zimperlich mit jenen um, die angesichts eines schon verlorenen Krieges genug hatten von der sinnlosen Ballerei. Aber gerade dieser exemplarische Fall, bei dem auch die Richter in Uniform sicher nicht gewissenlos handelten, zeigt den ganzen fürchterlichen Unsinn einer Denkweise auf, die den Menschen zum Schlachtvieh bestimmt, egal, ob er weiß, worum es geht und ob es auch seinen eigenen Interessen entspricht.

19. Juni 1976

Füchse und Hasen

„Wo Füchse und Hasen sich gute Nacht sagen, haben sich Kissinger und Vorster guten Tag gesagt", berichtete der Sprecher der Presseschau, ohne näher darauf einzugehen, welcher der Herren Fuchs, welcher Hase wäre.

Von Füchsen und Hasen – nein, Häschen – war auch in dem Unterhaltungsmagazin „Kein Kommentar" vom Bayerischen Rundfunk die Rede, nämlich in Zusammenhang mit dem seit fünfzig Jahren bestehenden Chrysanthemen-Ball in München. Dort bieten sich die Füchse vom 7. Studentencorps den jungen Damen aus den guten Familien der Münchner Gesellschaft als Tanzpartner an, um ihnen den ersten Schritt in die Welt des gesitteten Reichtums so angenehm wie möglich zu machen. Mich wundert nur der Name dieser Veranstaltung, denn Chrysanthemen verbinden sich in meinem Kopf unweigerlich mit Totenfeiern und Gräberschmuck, und soviel Ironie hätte ich den biederen Geschäftsleuten, die da pro Tochter zweitausend DM oder mehr springen lassen, nicht zugetraut.

„Bangladesch und die Übermacht des Schicksals" nannte Hans-Walter Berg seinen Film in der Reihe „Gesichter Asiens" (NDR). Wenn wir satt sind und sie verhungern, wenn wir tanzen und sie weinen – es ist Schicksal, da kann man halt nichts machen.

Jetzt habe ich Fritz Schenk, den zweiten Moderator des ZDF-Magazins, schon so oft aufs Korn genommen; aber einen Satz spricht er doch wirklich wunderschön aus: „Unsere Zeit ist abgelaufen, guten Abend."

25. Juni 1976

Paradiesvögel

Ist es nicht fürchterlich, daß man einem Land wünschen muß, kein Gold zu besitzen, kein Öl und überhaupt nichts, was die Gier anderer anlocken könnte? Papua-Neuguinea hat Orchideen, Paradiesvögel und Krokodile und Menschen mit noch unverbrauchten, stark ausgeprägten Gesichtern. „Urwelt im Aufbruch" (ZDF) nannten Thomas Schultze-Westrum und K. E. Graebner ihren Bericht aus jenem fernen und schönen Land, um das man bangen muß wie um eine selten gewordene Tierart. Die ersten Anzeichen von Verwüstung gibt es schon, aber die Papua sind anscheinend den Verlockungen der modernen Zivilisation nicht erlegen, und wenn nicht die Japaner, die Engländer, die Australier, die Amerikaner und andere Besserwisser in ihr Land dringen, sind sie sehr wohl in der Lage, für ihr eigenes Wohl und das kommender Generationen zu sorgen. Wie wär's mit einer „Hände weg von Papua"-Gesellschaft? Damit, wenn wir endgültig unsere eigene Umwelt zerstört haben, wir von den „Wilden" lernen können, wie man es hätte besser machen sollen?

2. Juli 1976

Zirkustheater

„Der Zirkus in mir wird nie enden", sagt André Heller am Ende seines Interviews in „Titel, Thesen, Temperamente" (ARD) und verneint, daß sein Traum, den er auch „die große Poesie des Jahrhunderts" nennt, nämlich der erst so sensationell erfolgreiche, jetzt am Widerstand des Besitzers gescheiterte Zirkus Roncalli in München von der Wirklichkeit eingeholt und an ihr zugrunde gegangen sei.

Aber was als Würdigung gedacht war, wurde zum Nachruf. „Ich werde einen neuen Zirkus machen", erklärt Heller. Man muß hoffen, daß ihm das gelingen möge und daß er nicht noch einmal den „Preis der Herrlichkeit" wird zahlen müssen, wie er den frühen Tod seines Unternehmens auch nennt.

Kein Preis der Herrlichkeit für Jean Amery, den weisen Denker mit dem Gesicht einer traurigen Eule. Nach einem Buch über das Alter hat er jetzt eines über den Freitod geschrieben, „Hand an sich legen", und spricht von einem Weg ins Freie – „auch wenn ich die Freiheit nie erreiche". Er ist ein Mann, der das KZ der Nazis überlebt hat und jetzt sagt, daß „das Überleben auch das Gefühl der Überflüssigkeit des Überlebens" in sich birgt. Aber wenn er auch mit einer wegwerfenden Handbewegung behauptet: „Der Mensch ist ein Nichts. Der Tote fehlt niemandem. Man lebt nur mit den Lebenden", und damit nur eine Einsicht ausspricht, die wir früher oder später alle gewinnen, fordert er doch zum Widerspruch heraus, und man denkt an Heines „Unter jedem Grabstein liegt eine Weltgeschichte" und an das versöhnliche „Lob der Vergänglichkeit" von Thomas Mann. „Das Stück muß weiterspielen", sagt André Heller, und wenn man auch selbst bestimmen mag, wann der Vorhang fallen soll, kann man ja nicht verhindern, daß ihn ein anderer wieder hochzieht.

Es wäre ungerecht, nicht noch schnell Maria Neocleous zu erwähnen, eine 25jährige Griechin aus Zypern, deren erstes Fernsehspiel „Sylvia, ich liebe dich" (ZDF) beweist, daß ein neues frisches Talent auf die Bühne getreten ist. Vorhang auf!

21. August 1976

Illich sagt...

Da gibt es heute, in Lateinamerika, einen Ivan Illich, einen Österreicher, einen wissenden Propheten, einen Diagnostiker der Zeit. Darunter verstehe ich jemanden, der nicht aus Intuition oder mit Mitteln der Metaphysik oder durch Zeichen und Wunder, sondern durch genaueste Beobachtung, getrieben von einem verletzten Herzen und unerschrocken solidarisch mit einer beleidigten Menschheit voraussagen kann, was wird, und zeigen, was geschehen müßte, damit sich die düstere Prognose nicht erfüllt.

Illich sagt – in Gordian Troellers und Claude Deffarges Bericht „Kein Respekt vor heiligen Kühen" (ARD) –: „Aus soziologischer Sicht ist der Freiwillige (gemeint ist der Entwicklungshelfer) notwendigerweise eine Weiterführung des europäischen Dünkels, der Mission; und aus psychologischer Sicht ist Entwicklungswut eine unheilbare Krankheit." Und etwas später erläutert er: „Sie ist auch ansteckend. Sie grassiert im Treibhaus der Bürokratie."

Und da ist auch noch Otto Jägersberg. Er verdankt es nur einem Trick der Zeit, einer Laune des Fernsehens, daß sein Name im Zusammenhang mit dem Ivan Illichs genannt wird. Denn gerade, als Illich sagt „Wenn eine Stadt um Autos und Motoren gebaut wird, dann werden den Leuten die Füße abgeschnitten", zeigt das ZDF „Fernsehspiel der Gegenwart" mit dem Titel „Die Ansiedlung", Buch und Regie: Otto Jägersberg.

Das ist nun das Schlimmste, das Verlogenste, nach allen Richtungen hin Lavierende, was ich seit langem an vermeintlicher Aufklärung, an vorgetäuschtem Engagement gesehen habe. Es geht um die geplante Industrialisierung eines wirtschaftlich unterentwickelten Küstengebiets. Aber indem Jägersberg alle Argumente für und wider aufzählt, mit einem gezielten modischen Linksdrall, mit dem pseudointellektuellen Hickhack der Fernsehmacher, deckt er nicht auf, sondern zu, macht er nicht klar, sondern vernebelt er. Illich sagt: „Die Medizinsucht macht den Handelnden zum Behandelten." Und das Fernsehen, so mißbraucht, zwingt den Sehenden, die Augen zu schließen.

25. August 1976

Lieder

Da war im Schulfernsehen am Nachmittag eine Sendung vom SFB, „Stimmungsmacher: Werbung folgt", in der es darum ging, wie Schlager und Schlagersänger optisch aufgearbeitet werden; wie Olivia Molina zum Beispiel im Hafen und auf dem Markt von Palermo, also vor malerischer Kulisse, so tut, als sänge sie „Menschen sind mein Glück", während in Wirklichkeit ihre Stimme vom Band läuft und – noch wichtiger – das Lied und eben diese Kulisse die tatsächlichen Verhältnisse in Palermo, die Not der Menschen, verschweigen und zum Zwecke der Werbung auch noch ausbeuten.

O.k., geschenkt. Wer eine Schnulze verkaufen will, braucht eine schnulzige Verpackung. Der Schlager ist nur einer von sehr vielen Gehirnweichmachern, und es ist verhältnismäßig leicht und billig, gerade ihn als Beispiel der Stimmungsmache heranzuziehen. Man könnte sogar argumentieren, daß eine moralische Entrüstung nicht viel taugt, die beim Schlager haltmacht und nicht auch gewisse periodische Erzeugnisse, die Groschenliteratur, auch bestimmte Sendungen des Fernsehens und Berichtsinhalte, kurz die ganze Bandbreite der Meinungs- und Stimmungsmache kritisch beleuchtet.

Am Abend dann, auch in der ARD, „An hellen Tagen", wiederum optisch aufbereitete „Deutsche Volkslieder aus fünf Jahrhunderten". Das war, meine ich, viel schlimmer. Wo sich der Kitsch dem Kitsch zugesellt, gibt es eine gute Ehe. Wo er aber, weil man dem Lied mißtraut, einer noch immer lebendigen Tradition beigemischt wird, wo man also genau mit den Mitteln, die man zu überwinden vorgibt – den wogenden Feldern und blonden Mädchen des Blut- und Boden-Mythos –, das Lied verfälscht und verniedlicht, wird die Geschichte verhöhnt, aus der sich das Lied bis in unsere Tage herübergerettet hat.

Daß es auch anders geht, zeigte dann das 3. Programm mit der „Show des Auslands", einem Konzert des amerikanischen Folksängers Don McLean, dessen Lieder auch illustriert wurden, aber mit wirklichen Menschen, echten Szenen aus dem amerikanischen Leben von heute, so daß seine Trauer und seine Hoffnung Bestätigung fanden. Wir müssen vielleicht wieder lernen, zu singen, ohne zu lügen.

26. August 1976

Hexenkessel

Jeder Mensch, zumindest jeder Vater von solchen Geschöpfen, sollte wissen, daß Mädchen im Alter von 12 bis 14 Jahren wahre Hexen sind, meistens im Bunde mit der eigenen längst verstorbenen Großmutter; und daß in jedem Haus, in dem sie sich aufhalten – hinter einem lieblichen Äußeren ihre wahre Natur verbergend –, die nötige Anzahl von Hexenbesen im Keller stehen. Diese inzwischen allseits bekannte Tatsache hat sich Juan Buñuel, der Sohn von Luis Buñuel, zu eigen gemacht und in dem Film „Rendezvous zum fröhlichen Tod" (ZDF) mit leichter Hand verbraten.

Es ist ein Wunder, daß der Film überhaupt zustande kam. Denn Buñuel verfiel auf die lobenswerte Idee, ein Fernsehteam einzuladen, die unheimlichen, schrecklichen Geschehnisse in einem Landhaus mit Kamera und Tonband festzuhalten, in dem sich neben einer netten Familie mit Sohn und Töchterlein auch noch ein Geistlicher mit einer Horde von Mädchen im Hexenalter eingenistet hat. Also was soll ich Ihnen sagen: der Priester, der sein Glück als Exorzist versuchte, ist tot; den Tonmeister haben die Mädchen geschafft; der Direktor war drauf und dran, mit der kleinen Sophie ein Techtelmechtel anzufangen, als sie sich in ihre vermoderte Großmutter verwandelte. Ich möchte wissen, wer da noch die Nerven hatte, Film und Tonband zu retten!

27. August 1976

Seelenneuland

Was kommt zuerst: das Individuum oder die Gesellschaft, der es entstammt? Je nachdem wie wir diese Frage beantworten, werden wir uns eher den Erkenntnistheorien von Sigmund Freud oder Karl Marx zuneigen, die beide die Sprache und damit die Denkweise unseres Jahrhunderts entscheidend mitgeprägt haben.

Zumindest eines der intellektuellen Vergnügen, die uns Georg Stefan Troller in seinem Filmporträt „Der junge Freud" (ZDF) bereitet, ist, uns die Anfänge von neuen – heute jedermann geläufigen – Begriffen miterleben zu lassen. Zum Beispiel, wenn Karl Heinz Hackl als Freud, noch auf der Suche nach seiner eigentlichen Forschungsaufgabe davon spricht, einer seiner Patienten müsse doch etwas „hinausgedrängt" oder, an anderer Stelle, „hinuntergedrückt" haben.

Keine Frage, ein faszinierender Film, den Axel Corti mit großer Sorgfalt als Zeitdokument, braun getönt, abspulen läßt. Und ein Beweis seines untrüglichen Stilgefühls ist, daß er sich nicht dazu verleiten ließ, die Symbole des Unterbewußtseins ins Bild zu setzen.

Ein anderes Moment, das unsere Aufmerksamkeit verdient, ist, was ich die Struktur einer neuen Erkenntnis nennen möchte: wie sie sich nach und nach aus verschiedenen Erfahrungen zu einem Ganzen zusammensetzt. Da ist der Freund, Dr. Breuer, der die schwer neurotische Bertha Pappenheim per Hypnose von den Symptomen ihrer Krankheit befreit, sich aber von ihr zurückzieht, sowie er merkt, daß er sich für sie mehr denn nur als Arzt zu interessieren beginnt. Da ist Freuds Herumstochern in seinem eigenen Seelenleben, und da ist schließlich der Kontrast zwischen der „Wiener" und der „Pariser" Schule in der Behandlung von Neurotikern. Und Troller läßt in diese sepia-gefärbte Geisteslandschaft auch noch Witz einfließen. So wenn der noch unsichere Gelehrte seinem unsichtbaren Befrager zu bedenken gibt: „So leicht ist es nicht, aus dem jungen Freud den alten zu konstruieren." Sicher nicht, aber dies ist doch ein ganz respektabler Versuch. Jetzt sollte dasselbe Autoren- und Regisseur-Gespann einmal ein ähnlich angelegtes Porträt von dem jungen Marx entwerfen.

3. Oktober 1976

Europäische Sendung

Den Technikern von vier europäischen Ländern dankte Wolfgang Schröder am Ende seiner Moderation „Bilanz" (ZDF), die eine Fern- und Rundschaltung nach Italien, Frankreich, Holland und Großbritannien ermöglicht hatten, aber auch nach Kiel, Frankfurt, Bonn und noch ein paar anderen Schaltstellen der öffentlichen Meinung zu Wirtschaftsfragen. Soviel Aufwand für das sicher nicht unwichtige Thema: „Wie geht es in der Wirtschaftspolitik weiter?" Und wie geht es weiter? Also, wenn ich das richtig mitbekommen habe, je nach dem, es kommt darauf an, da gibt es viel zu berücksichtigen.

Das war, was ich eine rührend rührige Sendung nennen möchte. Atemlos berichteten die Kollegen aus Italien von der aussichtslosen, aus Frankreich von der sehr schwierigen, aus Holland von der vertrackten und aus Großbritannien von der katastrophalen Situation, also aus Ländern, denen wir alle helfen müssen, wenn wir wenigstens im bisherigen Umfang mit ihnen Handel treiben wollen; deren Lage sich aber nicht bessern kann, wenn sie selber nicht bald mehr verkaufen, als sie einkaufen. Zugegeben, ein kniffliges Problem. Und wie kompliziert das alles ist, erkennt man schon daran, daß man die einzelnen Herren, die dazu ihre wohldurchdachte Meinung haben und ein paar Vorschläge machen sollten, kaum verstehen konnte. Schröder versuchte zwar, ein paarmal helfend einzugreifen, so als das Stichwort fiel „sehr starke finanzielle Expansion", und aus dem Hintergrund ertönte „große Geldausweitung", oder er übersetzte an anderer Stelle „protektionistische Maßnahmen" mit „Handelshemmnisse", aber man muß doch befürchten, daß selbst Eingeweihte am Ende der Sendung nicht recht wissen, ob wir jetzt mehr Geld investieren oder als Kredite exportieren sollen, und ob uns unsere Freunde nicht einen Strich durch die Rechnung machen werden.

In „Das Fernsehgericht tagt" (NDR) ging es diesmal um den feinen Unterschied zwischen „Beihilfe zum Selbstmord" und „Töten auf Verlangen", also um Schuld oder Unschuld eines Mannes, der sich seines verkrüppelten Bruders erbarmte und ihm half, seiner traurigen Existenz ein Ende zu bereiten. Das war eine in jeder Hinsicht vorzügliche, jeden Gesichtspunkt beachtende, auch jede moralische Überlegung berücksichtigende Verhandlung, die das Problem, das auch nicht gerade einfach ist, so klar und übersichtlich erscheinen ließ, wie die vorherige Wirtschaftsbefragung verworren gewesen war.

8. Oktober 1976

Der Fall Hauff

Der Fall Eberhard Hauff ist insofern bemerkenswert, als der Autor und Regisseur des Fernsehfilms „Der Fall Bundhund" (ZDF) die erstaunliche und, wie ich glaube, einmalige Leistung vollbracht hat, das Phänomen der Arbeitslosigkeit Ende der zwanziger Jahre aus der Sicht eines individuellen Liberalismus widerzuspiegeln. Das Ergebnis ist eine höchst bizarre Mischung von Außenseitertum und politischer Naivität, bei der der Autor – oder vielleicht die ihn beauftragende Redaktion – kräftig daran arbeiten mußte, die damals bestehenden politischen Fronten nach heutigen Kriterien zu verwischen, sie gleichzusetzen und so den arbeitslosen Bundhund und den Sozialarbeiter Dunkelmann, der sich seiner Sache anzunehmen bemüht ist, gleichermaßen als Opfer einer Kabale der einander bekämpfenden Parteien darzustellen.

Dabei ist das Ganze so gut gemacht, wird von Jörg Hube in der Titelrolle und Harald Kuhlmann als der sich um ihn bemühende Referendar, wie auch von den anderen Beteiligten, so überzeugend präsentiert, daß Bundhunds Renitenz und sein letztes verzweifeltes Aufbegehren mit dem Gewehr im Anschlag wie die natürliche Reaktion auf eine kafkaeske Situation wirken. Aber alles, was der Aufklärung, dem Verstehen der Wirtschaftskrise von 1929 und ihrer Folgen dienen könnte, wird nur insinuiert, so daß der Eindruck entstehen muß, daß der brave Mann, egal welcher Gesellschaftsschicht er angehört, immer nur vergeblich gegen die Schlechtigkeit der Welt ankämpft und ergo zum Verlierer prädestiniert ist.

17. Oktober 1976

Teufelskreis

Am Sonntagabend in der ARD ein Filmbericht von Max H. Rehbein aus Bogotá unter dem ironischen Titel „Pioniere und Abenteurer" über die „Gamines", Räuberbanden im Alter von 5 bis 15 Jahren, die, wie der Autor sagte, in einem „Teufelskreis" leben. Das fürchterliche Schicksal dieser Kinder – und Bogotá steht stellvertretend für viele andere Großstädte in aller Welt: Neapel, Kalkutta, Belfast, São Paulo, Alexandria usw. –, das die Jungen zum Verbrechen und die Mädchen zur Prostitution zwingt, bildet die vergiftete Wurzel unserer Gesellschaft, gleichzeitig Ursache und Folge einer Entwicklung, die von Angst, Ohnmacht und Brutalität geprägt ist. Wie soll sich der Mensch da frei entfalten können? Wie soll er seine Fähigkeit zu lieben bewahren und fördern können, wenn er nicht einmal in der Lage ist, die Jüngsten und Schwächsten zu behüten? Man spürte in Max Rehbeins Kommentar seinen Schrecken, seine Verzweiflung und seine bittere Erkenntnis, daß das Problem dieser Kinder in dieser unserer Welt nicht zu lösen ist. Welche Aussichten für das Jahr 2000! (NDR)

19. Oktober 1976

Realität

Eine wunderbare Übereinstimmung zwischen Form und Inhalt findet sich in Roman Polanskis „Tanz der Vampire" (ZDF), jenem Gruselklamauk, der erst im Nachhinein seine fürchterliche Pointe erhielt, als die Hauptdarstellerin, Sharon Tate, von jener Teufelssekte, der sogenannten Manson-Bande, viehisch ermordet wurde. Wie locker, wie zwerchfellerschütternd sich Polanski der blutigen Metaphysik angenommen hatte! Daß selbst noch eine solche Groteske von der Realität übertroffen werden kann, sagt nichts aus gegen Polanski und alles gegen eben diese Realität.

22. Oktober 1976

Betondschungel

Die Reihenfolge war falsch. Denn „Frauensiedlung", das fröhlich stimmende Fernsehspiel von Brian Phelan, das in der exzellenten deutschen Fassung von Angela Röhl und der ebenso exzellenten Regie von Wolfgang Storch von der ARD zuerst ausgestrahlt wurde, enthielt schon die Lösung oder zumindest doch eine Lösung zum Problem der Kinderselbstmorde, das hernach von Ulrich Stark in seinem Film „Weil Du mich nicht liebhast, bringe ich mich um" aufgedeckt wurde.

Kaputte Eltern produzieren kaputte Kinder, und kaputtgemacht werden beide, Eltern wie Kinder, vom Leistungsdruck, vom Ellenbogendenken, wie es bei Stark hieß, von der Vereinsamung in unseren Wohnsilos, von den Zwängen, die sowohl zur Unterdrückung der Frau wie zur Aggression des Mannes beitragen, von der Ventilfunktion, die Frau und Kind für so viele frustrierte Männer haben.

Es ging, vermute ich, Brian Phelan gar nicht darum, ob die Frauen ihren Kampf um einen leerstehenden Laden als Treffpunkt gewinnen, sondern um die mögliche Emanzipation von Mann und Frau gemeinsam (still und eindringlich: Monica Bleibtreu und Jürgen Prochnow). Und es wird einleuchten, daß, wo eine solche Befreiung stattfindet, auch die Kinder weniger gefährdet sind. Denn das muß man sich einmal vorstellen: nach dem Verkehrsunfall ist der Selbstmord inzwischen die zweitgrößte Todesursache für Kinder und Jugendliche. Und wenn man einmal weiterdenkt, was diese Betonburgen kosten und wie man dann Institutionen schaffen muß, um die psychischen Schäden wieder mühselig und oft ohne Erfolg anzugehen, die von ihnen verursacht wurden, und wie eine ganze Hundertschaft der Polizei aufgeboten werden muß, wenn einmal fünf Frauen den Mut haben, auf eigene Initiative eine Lösung vorzuschlagen – aus der Distanz von ein paar Jahrzehnten wird das einmal alles sehr komisch wirken, während heute einem das Lachen schon vergehen kann.

28. Oktober 1976

Weihnachtsfreuden

Wolfgang Schröder, Moderator des ZDF-Wirtschaftsmagazins „Bilanz", scheint ein sonniges Gemüt zu haben. Er strahlt in seiner Person all das aus, was er alle vierzehn Tage in Frage stellt: einen bescheidenen Wohlstand, ein geordnetes und sorgenfreies Leben, in dem Begriffe wie „Mehrbelastung" oder „Kostensteigerung" einen atmosphärischen Stilbruch darstellen. Dabei funkeln seine Augen, und ein vergnügliches Lächeln nistet sich in seine Mundwinkel, wenn er dem VW-Chef Toni Schmücker vorrechnet, wie der zu erwartende höhere Ölpreis, die steigenden Versicherungskosten, eine größere Mehrwertsteuer, ein Mehr an Lohn- und Materialkosten Schmückers relativ opitimistische Prognose für das kommende Jahr durcheinanderbringen könnten. Fürwahr, man kann sich kaum einen geeigneteren Überbringer von schlechten Nachrichten vorstellen und keinen, dem die Mathematik der Angst soviel Spaß macht.
(...)

3. Dezember 1976

Eine Nacht in Paris

Das Außergewöhnliche und Sensationelle ist nur selten Gegenstand der erzählenden oder dramatischen Literatur. Wie oft verschreibt schon jemand seine Seele dem Teufel oder kommt in die Verlegenheit, von drei Göttinnen zum Richter ihrer Schönheit ernannt zu werden? Nein, Aufgabe des Schriftstellers oder Dramatikers ist es eher, in einer glücklichen Übereinstimmung von Form und Fabel das Alltägliche so zu beleuchten, daß es einmalig und zum Erlebnis wird.

Was ist an der Geschichte, die Noel Robinson in „Partner" erzählt und Eberhard Itzenplitz für den Bayerischen Rundfunk inszeniert hat, schon dran? Die Frau eines berühmten Professors ist plötzlich in Paris allein: ihr Mann mußte mit einer Gehirnerschütterung ins Krankenhaus. Sie lernt einen Journalisten kennen, der ihr bei der Suche nach einem Hotelzimmer behilflich ist. Die Situation führt zu einem schnellen Sich-Kennenlernen, zu einem Flirt, der zum Gespräch wird und in eine Zärtlichkeit mündet.

Also ein flüchtiges, fast zufälliges kleines Abenteuer ohne irgendwelche dramatischen Konsequenzen. Die beiden sehen sich noch einmal ganz kurz, als nämlich der Journalist den inzwischen wiederhergestellten Ehemann interviewt. Dann geht die Frau brav zur Schreibmaschine zurück, wie schon all die Jahre, um an dem Buch ihres Mannes weiterzuarbeiten, das später seinen Namen tragen wird.

Aber was haben Gustl Halenke und Dieter Hufschmidt unter der klugen Leitung ihres Regisseurs daraus gemacht? Es ist mehr daraus geworden als nur das Psychogramm einer Frau, die plötzlich merkt, daß ihre Ehe sie aufgesogen hat. Es liegt so etwas wie Trauer und Hilflosigkeit über beiden, ein Wissen um sich selbst, das gleichzeitig weh tut und erlöst.

5. Dezember 1976

Menschenwerkstatt

Was ist aus der „Menschenwerkstatt Berlin" geworden, wie Heinrich Mann das Berlin der zwanziger Jahre nannte? Eine berühmte Schauspielerfamilie symbolisierte an diesem Abend anschaulich den geschichtlichen Glanz und die gegenwärtige Misere der einstigen deutschen Hauptstadt: die Familie George. Heinrich George, seine Frau Berta Drews und Sohn Götz George.

In Dieter Hildebrandts klugem Filmreferat zum 75. Geburtstag des Dramatikers Ödön von Horváth, „Flucht aus der Stille" (SFB), taucht der Vater kurz in der Rolle jenes Franz Biberkopf auf, den Alfred Döblin in seinem Roman „Berlin Alexanderplatz" zum Symbol eines Mannes machte, dem es im Wirbel der Großstadt nicht gelingt, anständig zu bleiben. Berta Drews, die laut Hildebrandt „Horváth, aber auch den Nazis die Szene machte", bestätigt hoch oben, im Restaurant des Funkturms, wie aufregend Berlin zur Zeit der Weimarer Republik gewesen sei, deren Niedergang Horváth in fast allen seinen Stücken vorausgesehen hatte. Und es ist sicher nicht ohne Ironie, daß man in Murnau, einer Hochburg der CSU, wo Horváth seine „Italienische Nacht" schrieb, bis heute dem Dichter eine Gedenktafel verweigert.

Und der Sohn, Götz George? Er spielt in der „Tatort"-Folge „Transit ins Jenseits" (SFB) einen jener gerissenen Gauner, die aus der „Fluchthilfe" nach dem Bau der Mauer ein skrupelloses Geschäft gemacht haben. Zumindest für die kleine Kellnerin (Gisela Dreyer), die im Glauben, der Bruder ihres Liebhabers wolle seine Braut aus der DDR lotsen, bei so einem Unternehmen mitmacht, wird es auch eine Flucht in die Stille, nämlich in den Tod. Denn da der Zeitplan dieser kostspieligen und riskanten Umsiedlung einer DDR-Bürgerin in den Westen auf Grund einer Vopo-Sperre durcheinandergerät, wird sie auf der Transitstrecke kurzerhand abgemurkst und die Leiche in ein Tiefbaurohr geschoben.

Damals, sagt Berta Drews, wußte man nicht, in welches der 54 Theater man gehen sollte; heute weiß sie nur, was sich in den Theatern tut, in denen sie selbst engagiert ist. Wo bleibt der neue Horváth, der sie darüber aufklären kann, was sich sonst noch abspielt?

7. Dezember 1976

Brandgeruch

Erster Eindruck von ein paar Studenten aus Panama City, die einem Appell des Paters Hector Gallego gefolgt und nach Santa Fé, im Norden von Panama, gefahren sind, um sich an Ort und Stelle über das Los der Campesinos – der armen Landarbeiter – zu informieren: Brandgeruch. Ein Stück Land wird gerodet und urbar gemacht, um es mit Hilfe des Paters und sehr zum Ärger der örtlichen „Patrones", der lokalen Junker, als genossenschaftlichen Betrieb zu bebauen. Dann wird ein Wahlgeschenk an die Armen des Ortes in Brand gesteckt – von Unbekannt. Feststeht jedenfalls, daß die nächsten Wahlen boykottiert werden sollen. Und schließlich zündet man dem Pater das Haus über seinem Kopf an. Er findet vorübergehend Unterkunft bei einem Freund und wird aus dessen Haus von zwei Polizisten verschleppt.

„Hector Gallego – eine lateinamerikanische Ballade", ein Dokumentarspiel von Bernd Grote (ZDF), mußte, wie es im Nachspann heißt, aus politischen Gründen in Columbien gedreht werden. Man darf also annehmen, daß die dort geschilderten Tatsachen mehr oder weniger stimmen und den Behörden in Panama zumindest unangenehm sind. Aber genügt das schon, um ein überzeugendes Dokumentarspiel daraus zu machen, also über die reine Reportage hinauszugehen? In diesem Fall genügt es nicht. Das liegt nicht allein an Humberto Quintero, dem Darsteller des Paters Gallego, und auch nicht an der Kamera von W. Treu, die soviele Gesichter der armen Landbevölkerung und soviel Atmosphärisches einzufangen sich bemühte, als es die Vorlage des Autors, der auch sein eigener Regisseur war, zuließ. Was fehlt, ist die Möglichkeit der Identifikation, das heißt, es mangelt diesem Film an Persönlichkeit; er schildert Zustände, ohne sie von erkennbaren Menschen ausfüllen zu lassen. So wird daraus nur eine halbherzige Kolportage, die uns bestürzen müßte, aber es nicht tut, weil uns das gute Herz eines etwas fett geratenen Priesters kaum bewegen kann, seinen Zorn und seine Ohnmacht nachzuempfinden.

12. Dezember 1976

Ende des Weges

In insgesamt fünf Folgen hat das Dritte Programm das Leben und Sterben jener beschrieben, die wir fälschlich und noch immer als Indianer bezeichnen, wobei es sich, wie wir wissen, um sehr unterschiedliche Völker und Völkergruppen handelt, die nur eines gemeinsam haben: den weißen Mann, den europäischen Eindringling, ob Spanier, Franzose, Engländer oder Deutscher, als Feind und Zerstörer. „Seltene und von der Ausrottung bedrohte Tiere werden geschützt", stellte Walter Rüdel in seinem abschließenden Bericht, den er „Am Ende des Weges" nannte, traurig fest; „Bei der Beschützung seiner Gattung versagt der Mensch." Nur würde ich allerdings nicht dem Menschen schlechthin das Verbrechen des Völkermordes in die Schuhe schieben wollen, sondern immer nur Menschen in ganz bestimmten und erkennbaren sozio-ökonomischen Konstellationen, die von dementsprechenden Moralvorstellungen getragen werden. Man kann nicht die menschliche Natur für alles Übel verantwortlich machen; ein bißchen muß man sich schon die Gesellschaft anschauen, die ihn prägt.

14. Dezember 1976

Frosch und Skorpion

Ein Frosch und ein Skorpion trafen sich an einem Flußufer. „Würdest du die große Freundlichkeit haben, mich auf deinem Rücken ans andere Ufer zu tragen?" fragte der Skorpion. „Ich bin doch nicht verrückt", antwortete der Frosch; „kaum sind wir im Wasser, stichst du mich, und ich muß ersaufen." „Sei kein Frosch", sagte der Skorpion; „du weißt, ich kann nicht schwimmen. Dann müßten wir ja beide untergehen." Das leuchtete dem Frosch ein. Er nahm sich also den Skorpion auf seinen Buckel und plumpste ins Wasser. Auf halbem Wege stach ihn der Skorpion. „Oh weh, was hast du getan?" schrie der Frosch mit letzter Kraft; „jetzt sind wir beide des Todes." „Ich kann nichts dafür", antwortete der Skorpion, bevor auch er unterging, „es ist meine Natur."

Mit dieser Fabel spielte erst Pinkas Braun, in der Rolle des israelischen Journalisten Amos Elon, und dann Peter von Zahn, zusammen mit Claus Hubalek, Autor eines fiktiven Dialogs zwischen eben jenem Elon und einer ägyptischen Politologin, Sana Hassan (Christine Wodetzky), auf die Situation im Nahen Osten an, wobei durchaus nicht klar wurde, wer da Frosch, wer Skorpion sein sollte. Titel der Sendung: „Freunde und Feinde" (NDR).

Zusammen mit dem dann folgenden Protokoll des israelischen Husarenstücks in „Entebbe" (BR) – der Spaziergang von Pinkas Braun und Christine Wodetzky auf einem jüdischen Friedhof in New York war mit Bruchstücken einer Reportage über den Terroristen-Anschlag auf die Ölminister-Konferenz in Wien im Dezember vorigen Jahres durchgesetzt gewesen – lieferte uns die ARD ein ganz ekelhaft rührseliges Bild von der jüdisch-arabischen Verstrickung, eine politische Schmonzette ersten Grades, die gerade noch davor haltmachte, aus dem Israeli mit den traurigen Augen und der schönen Ägypterin ein Liebespaar zu machen. In den Armen lagen sie sich schon.

Es ist ein alter, übler, demagogischer Trick: durch eine scheinbare Vermenschlichung von Konfliktsituationen die politischen und ökonomischen Zusammenhänge zu verschleiern. Etwa auf der Ebene der Frage an einen Pazifisten: „Was würdest du tun, wenn du Zeuge wärst, wie man deine Schwester, Mutter, Großmutter, Braut vergewaltigt?" Was würde ich tun? Den Kerl umbringen – und Pazifist bleiben.

16. Dezember 1976

Sprachlos

Zuerst ein Beispiel von einer fast metaphysischen Galanterie. „Wenn ich noch einmal auf die Welt komme", sagte Olga Tschechowa, deren Name auf der ersten Silbe betont werden sollte, in „Der große Preis" (ZDF), „werde ich denselben Beruf ausüben: Schauspielerin!" Darauf Wim Thoelke: „Und wir freuen uns darauf." Sagt's, kann man höflicher sein?

Das Kleine Fernsehspiel des ZDF war diesmal so winzig, daß man Mühe hatte, es mit bloßem Auge zu sehen; oder auch nur zu hören. Martin Hennig, ein Neuling auf dem Gebiet der flimmernden Dramaturgie, glaubte die Sprachlosigkeit zwischen Leuten, die sich nichts oder nichts mehr zu sagen haben, durch seinen eigenen Mangel an Sprache dokumentieren zu können. Daraus ergab sich gelegentlich eine etwas bizarre Direktheit. Zum Beispiel, Stefan, ein enttäuschter Revoluzzer der APO-Zeit, kehrt nach mehreren Jahren im Ausland in die Bundesrepublik zurück und besucht eine alte Freundin und Genossin. Er sitzt an ihrem Küchentisch – kaum ein Wort; sie setzt sich zu ihm – noch immer nichts; ihr Bruder gesellt sich zu ihnen – ein langes Schweigen. Schließlich geht er mit ihr in ein Eis-Café. Dort erst taut sie auf und spricht die geflügelten Worte: „Ich wollte... ich hätte Lust, mit dir zu schlafen."

Daraus wird aber nichts. Auch mit dem Mädchen, das er später im Wald trifft, scheint es nicht so recht zu klappen. Sie hat – was man ja eigentlich nicht tun sollte – in einer Lichtung eine Kerze angezündet, vor der sie zur Musik aus einem Kofferradio eine Art von Kulttanz aufführt, weil genau an jener Stelle ihr Großvater erschlagen worden war. Nun, das kann jedem einmal passieren. Jedenfalls verleitet die Erinnerung das Mädchen zu der philosophischen Feststellung, daß wir zuwenig von denen wissen, die vor uns schon da waren. Dem kann man kaum widersprechen.

Aber der Autor von „Erinnerung an die Leidenschaft" scheint nicht nur zuwenig zu wissen von dem, was war; er ist sich offensichtlich auch nicht im klaren über das, was ist und aller Voraussicht bald sein wird. Sonst hätte er ein so trauriges Bild der einstigen Himmelsstürmer kaum entwerfen können.

18. Dezember 1976

Frauen

Es ist zum Haareausraufen: dies ist inzwischen mein fünfter Versuch, etwas Adäquates über einen Fernsehabend zu sagen, der – zumindest optisch – ganz von Frauen beherrscht war. Das dahinterstehende Krisenmanagement, die Autoren, Regisseure, Redakteure und andere maßgebliche Persönlichkeiten, bestand zu 90 Prozent aus Männern.

Zweimal schon habe ich geglaubt, mich über die Schwierigkeiten mit einem kurzen, forschen Loblied auf Inge Meysels Alleingang im ZDF hinwegmogeln zu können. Aber was soll man über Inge Meysel anderes sagen, als daß diese vielseitige und sympathische Schauspielerin großartig ist? Unter Ludwig Cremers Regie vollführte sie in „Inge Meysel ... in allen Lebenslagen..." das Kunststück, in fünf kleinen Szenen neun Rollen zu spielen, die ihr Curth Flatow, Rolf Hochhuth und Franz Xaver Kroetz auf den Leib geschrieben hatten.

Aber da war noch „Hilde Breitner" (RB), über die ich mich schon vor einem Jahr ausführlich geäußert hatte, und – spät am Abend – die amerikanische Filmkomödie „Jede Stimme zählt" (ARD) von Jackie Cooper, in der sich eine Schar von Frauen aus den verschiedensten sozialen Bereichen zusammentun, um gegen die Bevormundung durch den Mann oder die Benachteiligung am Arbeitsplatz anzugehen. Jetzt wäre also die Gelegenheit, etwas Schlüssiges über das Problem der Frauenemanzipation zu sagen.

Doch mir fällt dazu nichts mehr ein. Das mag daran liegen, daß mich der amerikanische Film, während er lief, zwar amüsiert, hinterher jedoch mehr irritiert hat. Er rutschte etwas zu glatt durch die Augen und am Gehirn vorbei. Viele Beispiele vom männlichen Chauvinismus, gewiß, aber auch von der oft närrischen Reaktion der Frauen. Und so komisch ist ja das Verhältnis zwischen den Geschlechtern auch wieder nicht. Und damit Schluß für heute.

19. Dezember 1976

Zerbrochenes Ringlein

„In einem kühlen Grunde, da geht ein Mühlenrad ..." Nach einem kleinen Volkslied aus dem 15. Jahrhundert schuf Joseph von Eichendorff, „der letzte Ritter der Romantik", wie Heine ihn nannte, eines der großen Gedichte von der Zeit, von Liebe und Verrat, von Sehnsucht nach dem Leben und Sehnsucht nach dem Tode. Ein weithin unbekannter F. Glück – er wird in Naumanns Illustrierter Musikgeschichte nicht angeführt – vertonte es, und in der Fassung der alten Comedian Harmonists zerreißt es einem das Herz.

Wir werden umdenken müssen. Mit seinem zweiteiligen Film über die „Comedian Harmonists" (3. Programm) hat Eberhard Fechner das dokumentarische Feature auf die Ebene großer Kunst gehievt, vergleichbar mit Truman Capotes dokumentarischer Dichtung „Kaltblütig" und ebenbürtig einem Roman von der Art der „Buddenbrooks" von Thomas Mann.

Ja, und dann kam Hitler. Wie oft hat man diese Phrase nicht schon gehört, diese Zäsur im Leben von Millionen von Menschen, dieses Trauma des 20. Jahrhunderts? Und ohne daß man auch nur eines der üblichen Bilder von Hitler zu sehen bekommen hätte, ja nicht einmal eine der verhaßten Uniformen, war Hitler da; und ohne daß auch nur ein Schuß zu hören gewesen wäre, kam der Krieg; und ohne Bombenschutt und Ruinen ließ Fechner ihn zu Ende gehen.

„Sechs Lebensläufe" nannte er sein Werk im Untertitel mit kluger Bescheidenheit, und es wurde doch sehr viel mehr daraus: Lebensangst und Überlebenskunst, Emigrantenschicksal, Eifersucht und Verrat, Erfolg, Niederlage und Tod. Ari Leschnikoff, der Mann mit der traumhaft hellen Stimme und dem Vogelgesicht, alt und müde in einem Park in Sona; Robert Biberti, der Bassist der Gruppe, mit allen Erinnerungsstücken allein in seiner jetzt viel zu großen Wohnung in der Schlüterstraße; Roman Cycowski, der Bariton, der als junger Mann aus Lodz nach Deutschland gekommen war und vermutlich als einziger der ursprünglichen Sechs auf ein erfülltes Leben zurückblicken kann. Der von seiner Vorstellung besessene Harry Frommermann, später Frohmann, daß man mit der menschlichen Stimme jedes Musikinstrument nachahmen können müsse.

„Ich möcht' am liebsten sterben, da wär's auf einmal still!" So endet das Lied ... und die Sehnsucht ... und der Schmerz ... und das Leben selber.

22. Dezember 1976

Brief an Chantal

Ma chère Chantal, oder sollte ich, da Du doch schon so gut Englisch kannst, wie deine Mutter schreibt, lieber mit „My dear Chantal" beginnen? Wie auch immer, ich finde es sehr vernünftig, daß du nun doch, wie aus der letzten langen – etwas zu langen, meinst Du nicht auch? – Einstellung Deines Filmes „Briefe von zu Haus" zu ersehen, New York verlassen hast und zu Deiner Dich liebenden Mutter und Deinem dich liebenden Vater und zu all den lieben Verwandten und Bekannten in Belgien zurückkehrst.

Glaube mir, meine liebe Chantal, in New York wäre aus dir nichts geworden, was natürlich nicht sagen soll, daß das in Deiner Heimat anders sein wird. Am besten schlägst Du Dir die Flausen aus dem Kopf, als Autorin oder Filmemacherin Karriere machen zu wollen. Eher schon als Geschäftsfrau, denn dazu braucht man Überredungskunst, und die scheinst Du ja in gehörigem Maße zu besitzen.

Denn wie anders konntest Du das ZDF (und vielleicht sogar noch andere Fernsehanstalten) dazu bringen, Deine endlosen Aufnahmen von New York, orchestriert von den etwas hilflosen Briefen Deiner Mutter, als „kleines Fernsehspiel" ins Programm zu nehmen? Klein ist gut. Anderthalb Stunden dauerte dieses Mischmasch – ohne Schnitte oder irgendeine Konzeption – von Straßen mit und ohne Menschen, von vollen und leeren Zügen der New Yorker Subway – die scheint es Dir besonders angetan zu haben –, von fahrenden und parkenden Autos, kurz, von allem, was man so in einer Weltstadt wie New York alles antrifft, wenn man nicht weiß, wohin man schauen soll.

Immerhin fand ich es tröstlich, daß Du nicht auch Deine Überfahrt nach Europa Welle auf Welle und Möwe für Möwe aufgenommen und dem ZDF als weiteres Beispiel Deiner Kunst angedreht hast. Oder irre ich mich, und wir werden uns noch öfters mit den filmischen Ergüssen der Chantal Akermann herumschlagen müssen? Tue das Deiner Mutter nicht an; sie leidet bereits, wie Du weißt, an Zahnschmerzen. Soll denn die arme Frau nie zur Ruhe kommen? Dein besorgter Michael Stone.

25. Dezember 1976

Schicksal

In „Die Brücke von San Luis Rey" hat es Thornton Wilder schon 1927 vorgemacht: der Tod, ein Unfall, eine Katastrophe als schicksalhafte Fügung, als Knotenpunkt und Ende einer Anzahl von Fäden, die man nur von ihren Anfängen zu diesem Punkt verfolgen muß, um zu begreifen, wie wenig wir unserer Bestimmung entrinnen können.

In seiner Erzählung „Skizze eines Unfalls" hat es Max Frisch nachgemacht. Daraus wurde das Fernsehspiel „Das Unglück" (NDR) von Georg Radanowicz und Georg Janett, die Geschichte einer – für den Außenstehenden komisch-makabren Urlaubsreise durch Frankreich und Spanien, die mit einem Unfall mit tödlichem Ausgang endet. Da fällt einmal der Satz: „Am Tage nahm sie ihm alle Sicherheit, aber in der Nacht gab sie sie ihm wieder." Die Rede ist von einem Chirurgen, er wird später Chefarzt werden, der den Unfall verursacht – ohne eigentlich daran schuld zu sein, denn er hatte Vorfahrt – infolgedessen seine Geliebte, eine Romanistin, stirbt. Also das muß ein ziemlich höllischer Urlaub gewesen sein, denn Viktor, der Arzt, hat ununterbrochen das Gefühl, alles falsch zu machen. Und dann tut er es natürlich auch.

Viel weniger psychologisch ausgeleuchtet, aber darum keineswegs weniger überzeugend, ist die Geschichte, die uns Bruno Jantoss in „Weder Tag noch Stunde" (Drittes Programm) von den letzten 24 Stunden im Leben von vier jungen Menschen erzählt, die Opfer eines unerklärlichen Unglücks auf einem Volksfest werden. Die Wagen der Berg-und-Tal-Bahn, auf der sie fahren, lösen sich aus ihren Kupplungen und werden in die Luft geschleudert.

Ein erstaunlich guter Film vom Leben in einer bayerischen Kleinstadt, einem Urlaubsort, wo jeder jeden kennt und wo die Urlauber, die meisten aus Berlin, den Rhythmus der Einheimischen kaum stören. „Vielleicht wäre alles nicht passiert, wenn es nicht geregnet hätte", sagt am Ende die Großmutter eines der verunglückten jungen Männer. Aber es regnete – und es passierte. Schicksal. Unbegreiflich. Unentrinnbar.

30. Dezember 1976

Dialektik

Zwei Reportagen, für die ich große Sympathie empfinde, mit denen ich aber dennoch nicht gänzlich einverstanden bin, zwingen mich zu einer grundsätzlichen Überlegung. Da war einmal Lothar Ruehls zweiteilige Dokumentation „Ein Kampf um Palästina oder Der Weg zum Judenstaat" (ZDF) und dann, in „Titel, Thesen, Temperamente" (HR), ein Interview mit Professor Erich Fromm über sein neues Buch „Haben oder Sein".

Dazu eine Vorbemerkung. Im Alter von 14 bis 17 Jahren bin ich ein glühender Zionist gewesen. Mit 18 kam ich in der Frage meiner eigenen Verwirklichung zu einer ganz anderen Auffassung, die ich seitdem nicht wesentlich revidieren mußte. Der Grund für meinen Sinneswandel war eine Art innerer Protest gegen die Vorstellung, daß ein Mensch, irgendein Mensch, nur dann sein Menschsein wirkungsvoll verteidigen kann, wenn er sich in die Obhut von seinesgleichen begibt.

Ruehl hatte sicher nichts anderes im Sinn, als die Geschichte des Zionismus von seinen Anfängen bis zur Gründung des Staates Israel nachzuzeichnen, und das gelang ihm auch hervorragend. Aber eine wesentliche Frage hat er dabei ausgeklammert, nämlich die, wie es dazu kommen konnte, daß just in dem Augenblick, als sich ein großer Teil des osteuropäischen Judentums zu emanzipieren begann, den jungen Juden, die aus den galizischen und ukrainischen Gettos strömten und sich politisch zu artikulieren und zu organisieren lernten, von Seiten des westeuropäischen und durchaus bürgerlichen Judentums die Marotte einer nationalen Verheißung vor die Nase gehalten wurde? Darüber hinaus darf man als sicher annehmen – und Ruehl tat das auch – daß ohne den rassistischen Terror der Nazis die Geschichte Palästinas eine andere Wendung genommen hätte.

Eine Sache in ihren Zusammenhängen erfassen, ist das Gebot der Dialektik. Erich Fromm, der sehr viel mutiger Roß und Reiter nennt, wenn er auf die menschenfeindliche Entwicklung von Wirtschaft und Gesellschaft hinweist, kann sich dennoch eines Gemeinplatzes nicht enthalten, der so keinen Sinn ergibt. Er spricht von dem „Menschen", der diese Entwicklung aufgrund von falschen Denkschemas verursacht habe. Das ist so, wie wenn man die Ursache von Kriegen im Aggressionstrieb des einzelnen suchen müsse und nicht in ganz konkreten und auch erkennbaren Machtverhältnissen.

12. Februar 1977

Starker Typ

„Das ist ein starker Typ", sagte die junge Frau, die mich als ihren Vater über die jüngsten Entwicklungen auf dem Gebiet der Jugendmode, der neuestens Hits und des zur Zeit gängigen Slangs auf dem laufenden hält; „und singen tut er auch." Die Rede ist vom „Zocker-Theo" alias Marius Müller-Westernhagen, der es in „Aufforderung zum Tanz" (WDR) mit jedem Helden der westlichen Welt aufnehmen kann. Aber erst einmal mißlingt ihm jedes krumme Ding, das er drehen möchte. Er verliert auf der Trabrennbahn, beim Pokern mit einem Türken, wird von einer Bande fürchterlich zusammengeschlagen und auch um das Geld gebracht, das ihm für die Mithilfe bei einem Versicherungsbetrug in Aussicht gestellt worden war.

Wäre da nicht noch sein Kumpel Enno, der Italiener, ich weiß nicht, ob er ganz so fröhlich durch seine Unglückssträhne gesaust wäre. Aber sein Wahlspruch ist „Sekt oder Selters"; er macht alles „locker vom Sulky", er hat etwas gegen Rock'n'Roll im Fiat, obwohl er auch da eine ganz gute Nummer zustandebringt.

Matthias Seelig hat das Drehbuch geschrieben; Peter F. Bringmann hat es inszeniert. Die schönste Kraftmeierei dieser Tage. Nur wenn der Regisseur meint: „Es wäre schön, wenn sich viele junge Leute den Film ansehen würden", weil er glaubt, daß sie die Geschichte vom „Zocker-Theo" am ehesten verstehen, kommen mir väterliche Bedenken. Ginge es nicht auch etwas weniger schlagkräftig? Ist der „starke Typ" wirklich das Nonplusultra zur Bekämpfung der Langeweile? Züchten wir uns da nicht schon wieder den Schlägertyp von morgen?

15. Februar 1977

Möwen am Horizont

„Gestern die Installation von Dynamos und Turbinen, / der Bau von Eisenbahnen in der kolonialen Wüste;/ gestern der klassische Vortrag / über den Ursprung des Menschen. Aber heute der Kampf."

So der englische Dichter W. H. Auden in seinem Gedicht „Spanien" zur Zeit des spanischen Bürgerkriegs, in dem er selber für kurze Zeit als Sanitäter diente. Natürlich auf der republikanischen Seite.

Laßt uns von Spanien sprechen. Spanien ist fast täglich in den Nachrichten. Hans Lechleitner, vom Bayerischen Rundfunk, meinte in seinem „Kommentar", es gebe schon ein paar Möwen am Horizont, die das spanische Staatsschiff in den Hafen der Demokratie, der Herrschaft des Volkes, geleiten würden.

Noch vor ein paar Tagen vertrat ein gewisser Freiherr von Beust im Dritten Programm, im Anschluß an die Reihe „Vor vierzig Jahren", in der die „Ufa-Tonwoche" vom 17. Februar 1937 vorgeführt wurde, eine andere Ansicht. Dieser ehemalige Leutnant in der berüchtigten Legion Condor, der unter anderem im April 1937 mit seiner Fliegerstaffel am Bombenangriff auf Guernica beteiligt gewesen war, gab zu bedenken, ob es die Bundesrepublik Deutschland, dieses glückliche und freie Land, heute geben würde, wenn er und die Seinen, wie auch die faschistischen Truppen Mussolinis, nicht Franco geholfen hätten, die spanische Republik zu zerschlagen, um „Schlimmeres" zu verhüten.

Die Frage ist berechtigt. Denn Spanien war das Experimentierfeld der Planer des Zweiten Weltkrieges gewesen. Die Mobilisierung der antifaschistischen Kräfte in aller Welt, die der spanische Bürgerkrieg bewirkte, war eine wichtige Voraussetzung für die spätere Niederlage Hitlers. Und so wird der Zusammenhang zwischen Guernica und dem Grundgesetz über den Umweg der etwa 40 Millionen Toten des Zweiten Weltkriegs klar.

Nach Lechleitner und Wetterkarte dann der „Weiße Fleck" (ARD), diesmal des Franzosen Frédéric Rossifs massive und herzschütternde Dokumentation der Geschichte des spanischen Bürgerkriegs, „Sterben für Madrid" aus dem Jahre 1962.

„Die Sterne sind tot", endet das Gedicht von Auden, „die Tiere blicken nicht. / Wir sind alleingelassen mit unserm Tag, und die Zeit ist kurz, und / die Geschichte mag die Besiegten bedauern / aber kann weder helfen noch vergeben." Aber die Geschichte lehrt auch: Die Besiegten von gestern sind oft die Sieger von morgen.

16. Februar 1977

Jacob im Regen

Ein schöner, ruhiger, satter Film. Die Menschen wichtig, liebevoll gezeichnet. Alltag und Sonntag. Hoffnung und Enttäuschung. Sport und Spiel. Wenn es regnet, ziehen die Schnecken ihre Fühler ein, und Jacob rutscht im schlammigen Boden aus.

Man kann sich vorstellen, wie Rainer Boldt, der Regisseur dieser Koproduktion zwischen SFB und Österreichischem Fernsehen / ORF, um jede Szene, jede Einstellung seines Filmes „Fehlschuß" gekämpft haben muß. Denn die Geschichte von dem vom Fußball besessenen Jacob, die Herbert Brödl geschrieben hat, ist lang, mit vielem Beiwerk, verschwenderisch, in ihrer Ausführlichkeit fast unmodern. Aber gerade dieses gründliche Eindringen in das Milieu einer Randgruppe, in die psychologischen Verästelungen von Familie und Freundschaft, das Aufzeigen der kleinen Zärtlichkeiten, der Drang sich zu beweisen, all dies macht den Reiz dieses Filmes aus, läßt uns teilhaben an der sinnlichen Erfahrung von Kopfball und Fußakrobatik, von dem pochenden Herzen, wenn Jacob auf seinem Fahrrad den Hügel hinaufkeucht, von der Wendung eines Mädchenkörpers in einem Tanzwettbewerb.

Der Liedermacher Wolfgang Ambros spielte den ehrgeizigen Jacob genau so, wie Pola Kinski als seine Freundin es ihm sagt: „Ich hätt' dich eher für einen Langstreckenläufer gehalten. Du bist so ruhig und ernst." Was vielleicht auch als ein kleiner Gruß aus Österreich für den englischen Arbeiterschriftsteller Alan Sillitoe gedacht war, dessen „Einsamkeit des Langstreckenläufers" ein Meilenstein in der Literatur aus der Arbeiterwelt gewesen war. Der Dramatiker Franz Buchrieser spielte seinen Freund Arthur, der mit einem Boxerzirkus durch die Lande reist. Xaver Schwarzenberger war der Kameramann. Man muß sie alle nennen, denn sie waren alle sehr, sehr gut.

17. Februar 1977

Tollheiten

Der tolle Vassili, der tolle Flori, der tolle Krishan. Und dazu die tolle Sabine ... Fatima ... Cleo ... Renate, denn die Chris ist ja ausgestiegen, die hatte keinen Bock drauf.

Klaus Lemke hatte die Wahnsinnsidee, mit allen diesen tollen Leuten einen Film zu machen, „Sweethearts" (WDR), die Rekonstruktion einer Schwabinger Erfolgsgeschichte, und da erzählte er ihnen einfach, wie's langgeht, und sagte: „Jetzt macht mal, Kinder." Also kein Script, denn was die Mädchen von sich geben, das kann man nicht erfinden.

Aus der Wahnsinnsidee ist ein irrer Film geworden, irre komisch, irre gut und genauso dürfte sich die Sache abgespielt haben. Da sind je drei Verkäuferinnen in einem Jeansladen plus jener Fatima, die, wenn sie sich Blumen ins Haar steckt und die Brille abnimmt, gerade so aussieht wie ein kurzsichtiges Hula-Hula-Mädchen. Sie haben heiße Typen im Kopf und sonst nichts, sind, was man so Freundinnen nennt, was nicht bedeutet, daß die eine die andere nicht ausstechen möchte, und wissen genau Bescheid um die primären und sekundären Geschlechtsmerkmale.

Also, was soll ich Ihnen sagen, die „Sweethearts" schlagen ein wie eine Bombe. „Das ist die Zukunft ... so sieht sie aus!" sagt ein junger Mann begeistert, der das Kleeblatt einem Plattenproduzenten schmackhaft machen will, und ich fürchte, er hat recht. Und wenn der Lemke nicht bald noch so einen Film hinlegt, dann kann er was erleben.

27. Februar 1977

Verramschter Dichter

Dieser Film, läßt uns die Ansagerin wissen, soll keine Biografie und keine Literaturgeschichte liefern. Ja, aber was denn dann? Wäre nicht das eine oder das andere im Falle eines Dichters, der ohne eigene Schuld in Vergessenheit geraten ist, das geeignete Mittel gewesen, ihn uns in Erinnerung zurückzurufen, vielleicht sogar Interesse für sein Werk zu wecken?

Aber das, darf man annehmen, war gar nicht die Absicht des Autors Rolf Defrank und des Regisseurs Rolf Busch. Es ging ihnen in „Walter Hasenclever – Tod und Leben eines deutschen Dichters" (ZDF) vielmehr um eine filmische Kolportage im Stile der Regenbogenpresse. Eingerahmt vom Abschiedsbrief Hasenclevers an seine Frau Edith und einer diskreten Überblendung, um uns die Qualen eines Mannes zu ersparen, der sich 1940 in dem französischen Internierungslager Les Milles das Leben nahm, weil er die Hoffnung auf eine Rettung vor den anrückenden Deutschen Truppen aufgegeben hatte, erfahren wir ein wenig; nicht allzuviel von den Freuden eines jungen Dichters, dem, wenn er ein Liebesgedicht an seine entfernte Geliebte schreibt, gleich auch ein nacktes Mädchen hinter einem durchsichtigen Vorhang erscheint.

Daß er einen Zuchtmeister zum Vater hatte, entnehmen wir den Bemerkungen seiner Schwester Marita und einem Zitat aus seinem Stück „Der Sohn", dessen Uraufführung in den Kammerspielen des deutschen Landestheaters in Prag im September 1916 den Beginn des deutschen Expressionismus im Theater markiert. Daß er sich mit großen Plänen trug, die er bald seinem Verleger Kurt Wolff unterbreiten würde, lernen wir aus einer nachgestellten Szene, in der er und sein Freund Pinthus an einem Tisch in malerischer Umgebung sitzen, sich an einem köstlichen Essen und einem vorzüglichen Wein delektieren, ihnen zur Seite eine ebenso stumme wie schöne Muse.

Irgendwann sagt der vermeintliche Hasenclever – Helmut Stauss mimt ihn als Jüngling, Peter Lieck als Flüchtling –, die Deutschen hätten kein Verhältnis zu ihren Dichtern. Das ist wahrscheinlich eine in allen Ländern übliche Übertreibung. Sicher ist aber, daß die Autoren dieses Machwerks kein Verhältnis zu ihrem Gegenstand hatten und zwar weder zu dem Lyriker und Dramatiker Hasenclever noch zu der Zeit, die ihn in den Tod trieb. Sonst hätten sie nicht so mühelos die vielen Geschmacklosigkeiten begehen können – eine alte Frau, die hinter dunkler Brille und mit zitternden Händen ein an sie gerichtetes Liebesgedicht des jungen Dichters stammelt; ein Brief Tucholskys, vom Empfänger direkt in die Kamera gelesen; die Leiden der deutschen Intellektuellen auf der Flucht vor der Barbarei, dargestellt in einer Szene, wo ein Mann aus einem überfüllten Güterwaggon geschubst wird.

Wäre es nicht auch eine Aufgabe des Verbandes der deutschen Schriftsteller, gegen eine so gefällige Verramschung ihrer toten Mitglieder zu protestieren?

2. März 1977

Inhalt

7	Kuckuckseier	51	Ein warmes Nest
11	Ein neuer Anfang	52	Prost, Prost, Prösterchen
12	Jahrmärkte des Lebens	54	Gift im Eis
14	Die sieben Schwestern	55	Meer ohne Wasser
15	Krisen-Abend	56	Lustobjekt
17	Dunkelangst	57	Kontraste
19	Tierblicke	59	Heiterer Abend
21	Unternehmerangst	61	Kein Applaus
22	Aus Blau wird Rot	62	Schreib oder stirb
23	Duplizität	63	Vater und Sohn
24	Traurig wie ein Hund	64	Wachstumsrezession
25	Die Abdankung	66	Indianische Weisheit
26	Schwarze Löcher	67	Szene geschmissen
27	Nur keine Aufregung	68	Kulturkosten
28	Lesestunde	69	Freche Frage
29	Top Management	70	Der Fall Derz
31	Wege im Urwald	71	Verkrüppelte Menschen
33	Ein Stück Menschlichkeit	73	Die Deutschen sind da!
34	Ethik und Genie	75	Öffentliche Dienste
35	Staatsbegräbnis	76	Wie zwei Kinder
36	Expertenkrise	77	Abriß
37	Tabu Tod	78	Anekdote
38	Künstlerreport	79	Anstöße
39	Das Gewissen der Reichen	80	Käferperspektive
40	Aus Alfreds Küche	81	Höllische Dialoge
41	Ladendiebstähle	82	Aus Senegal
43	Festung ohne Dach	83	Traurige Bilanz
44	Wohlstand auf Pump	84	Gehobene Trauer
45	Gespensterliebe	86	Die große Illusion
46	Das Jahr der Frau	87	Flammender Regen
47	Kikeriki	88	Zu viel Zeit
49	Sekt bei Kerzenlicht	89	Männerangst
50	Schuhputzjunge	90	Männerknie

91	Disteldichter	128	Illich sagt …
93	Show-Business	129	Lieder
94	Goldrausch	130	Hexenkessel
95	Blutiger Abend	131	Seelenneuland
97	Fragmente	132	Europäische Sendung
98	Was wäre, wenn …	134	Der Fall Hauff
99	Kahlschlag	135	Teufelskreis
101	Fernsehkrieg	136	Realität
102	Jahrhundert der Flucht	137	Betondschungel
103	Feudale Zustände	138	Weihnachtsfreuden
105	Entwöhnungskur	139	Eine Nacht in Paris
107	Bestandsaufnahme	140	Menschenwerkstatt
109	Strandgut	141	Brandgeruch
110	Genie ohne Diplom	142	Ende des Weges
111	Roulette amerikanisch	143	Frosch und Skorpion
113	Braungebrannt	144	Sprachlos
115	Betrogene Jugend	145	Frauen
117	Frauen im Fernsehen	146	Zerbrochenes Ringlein
118	Älterer Bruder	148	Brief an Chantal
119	Auch du, Brutus	149	Schicksal
120	Spätaussiedler	150	Dialektik
122	Schaustellergehilfe	152	Starker Typ
123	Wogende Busen	153	Möwen am Horizont
124	Fahnenflucht	155	Jacob im Regen
125	Füchse und Hasen	156	Tollheiten
126	Paradiesvögel	157	Verramschter Dichter
127	Zirkustheater		